電車検定

電車で行こう！ スペシャル版!!

豊田 巧・作
裕龍ながれ・絵

集英社みらい文庫

T3《ティースリー》のみんな！
遊《あそ》びにきたで〜
待《ま》ってたよ！
ぼくらは小学生《しょうがくせい》だけで電車旅行《でんしゃりょこう》するチームT3《ティースリー》
T3《ティースリー》はトレイン・トラベル・チームの略《りゃく》
小笠原未来《おがさわらみらい》
カメラに夢中《むちゅう》の撮《と》り鉄少女《てつしょうじょ》
高橋雄太《たかはしゆうた》
頼《たよ》れる乗《の》り鉄《てつ》のT3《ティースリー》リーダー
今野七海《こんのななみ》
夢《ゆめ》は電車《でんしゃ》のアテンダント♡
新横浜《しんよこはま》の旅行会社《りょこうがいしゃ》が作《つく》ったものでメンバーはこの5人《にん》
的場大樹《まとばたいき》
データは完璧《かんぺき》！時刻表鉄《じこくひょうてつ》
森川《もりかわ》さくら
鉄道好《てつどうず》きな現役《げんえき》アイドル☆
関西《かんさい》にも同《おな》じようなチームがあってKTT《ケーティーティー》
川勝萌《かわかつもえ》
鉄道初心者《てつどうしょしんしゃ》な雄太《ゆうた》のいとこ
KTT《ケーティーティー》は関西《かんさい》・トレイン・チームの略《りゃく》
岡本《おかもと》みさき
元気《げんき》いっぱいの録《と》り鉄少女《てつしょうじょ》
上田凜《うえだりん》
私鉄大好《してつだいす》きなKTT《ケーティーティー》のリーダー
ぼくらは鉄道《てつどう》を通《つう》じてつながった仲間《なかま》なんだ
今日集《きょうあつ》まったのは夏休《なつやす》みの特別企画《とくべつきかく》で
遠藤《えんどう》さんが鉄道《てつどう》に関《かん》する問題《もんだい》を作《つく》ってくれて、それにみんなで挑戦《ちょうせん》しようってことになったんだ

問題《もんだい》は全部《ぜんぶ》で100問《もん》
難易度《なんいど》と解《と》けた問題数《もんだいすう》で、みんなの鉄道《てつどう》レベルがわかるよ
遠藤《えんどう》さん
旅行会社《りょこうがいしゃ》、エンドートラベル社長《しゃちょう》
佐川《さがわ》さん
さくらちゃんのマネージャー
上田《うえだ》ピンチやなボロが出《で》るで
オレは私鉄問題《してつもんだい》だけ答《こた》える
いつまでも初心者《しょしんしゃ》じゃないよ！
いっぱい勉強《べんきょう》したもんねっ
えぇー
テストなんて聞《き》いてないよぉ
100問《もん》て挑戦《ちょうせん》しがいがあるよね
電車《でんしゃ》なんか興味《きょうみ》ないけどさくらちゃんがやるならウチもやったるわ
当然目指《とうぜんめざ》すは全問正解《ぜんもんせいかい》だよな雄太《ゆうた》
もちろん！
どんな問題《もんだい》が来《く》るか楽《たの》しみだなぁ～
みんなもぼくらと一緒《いっしょ》に100問《もん》に挑戦《ちょうせん》しようよ！

この本《ほん》の楽《たの》しみ方《かた》

電車検定《でんしゃけんてい》は、初級《しょきゅう》、中級《ちゅうきゅう》、上級《じょうきゅう》、特級《とっきゅう》の4つの難易度《なんいど》の問題《もんだい》、全《ぜん》100問《もん》をやって、それぞれの級《きゅう》で獲得《かくとく》したランクによって、キミの「鉄度《てつど》」レベルをはかるんだ。楽《たの》しみ方《かた》は、このページをしっかり読《よ》んでみてね。

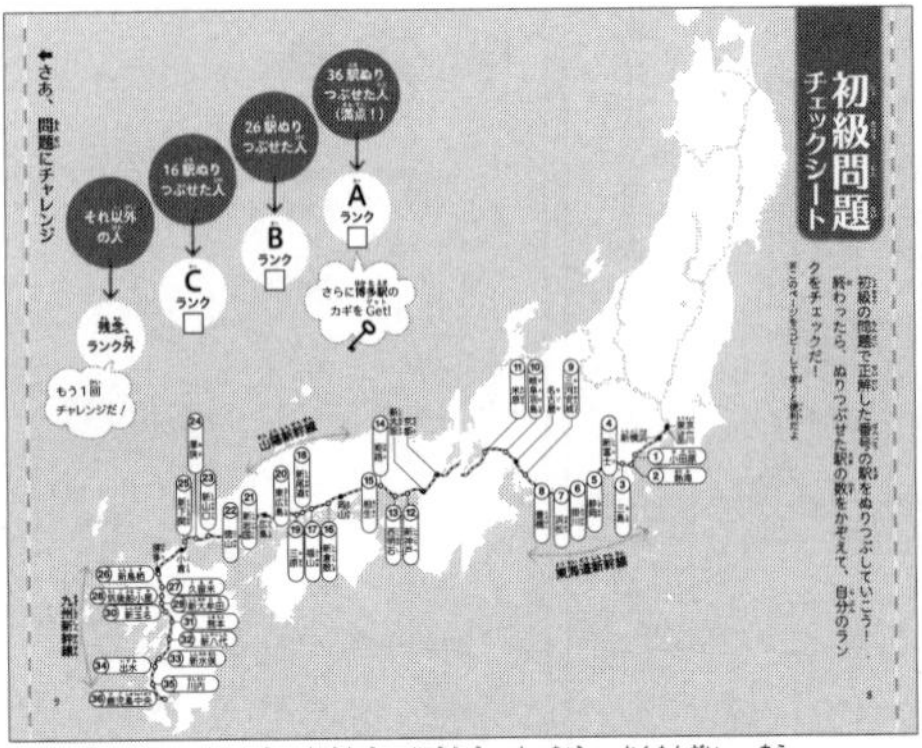
初級問題
チェックシート
36駅ぬりつぶせた人（満点！）
A ランク
26駅ぬりつぶせた人
B ランク
16駅ぬりつぶせた人
C ランク
それ以外の人
残念、ランク外
もう1回チャレンジだ！
さらに博多駅のカギをGet!
←さあ、問題にチャレンジ

1 まずは、初級《しょきゅう》、中級《ちゅうきゅう》、上級《じょうきゅう》、特級《とっきゅう》の各問題《かくもんだい》の前《まえ》にある、チェックシートを確認《かくにん》しよう。コピーして使《つか》うと便利《べんり》。

初級 1
新幹線の線路や架線をチェックする、黄色い新幹線の愛称は？
① ドクターイエロー
② サザンクロス
③ スーパードクター
④ レールフォース
Hint!
この新幹線はとってもめずらしくて、めったに見られないんだ！
検査のために走る列車で、正式名称は「新幹線電気・軌道総合試験車」です
車体の色や作業内容から、この愛称が付いたんだよ
運行予定は、時刻表にも載っていません

2 えんぴつと消《け》しゴムを用意《ようい》して、初級《しょきゅう》の問題《もんだい》から始《はじ》めよう（11ページ）。

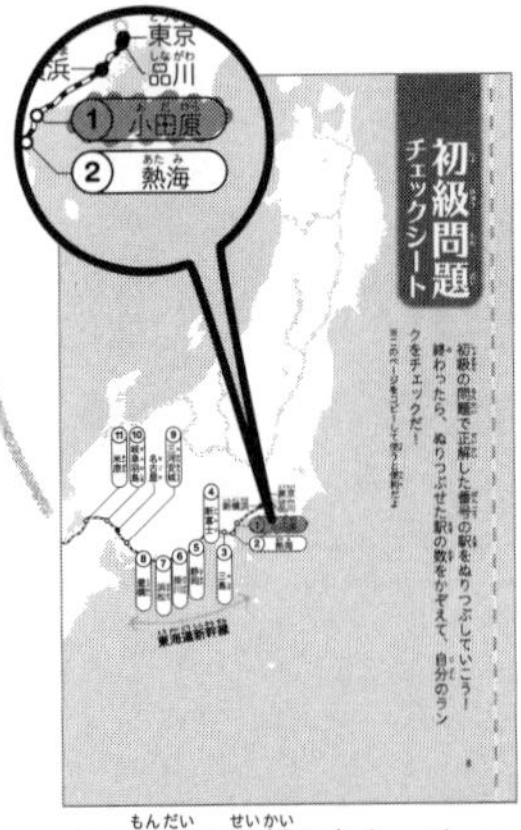
東京
品川
① 小田原
② 熱海
初級問題
チェックシート

3 問題《もんだい》に正解《せいかい》したら、チェックシートの対応《たいおう》する駅《えき》を塗《ぬ》りつぶそう。

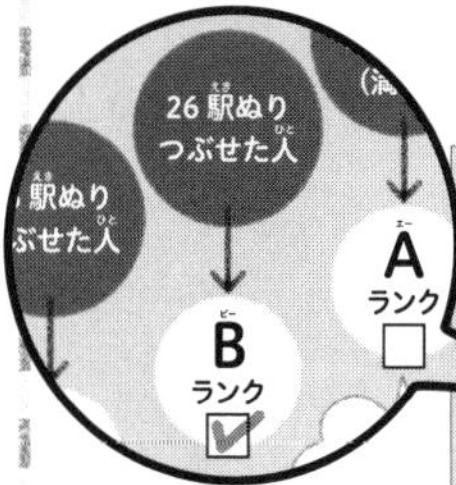

全問正解《ぜんもんせいかい》してもらえるカギは特級《とっきゅう》で使《つか》うよ。

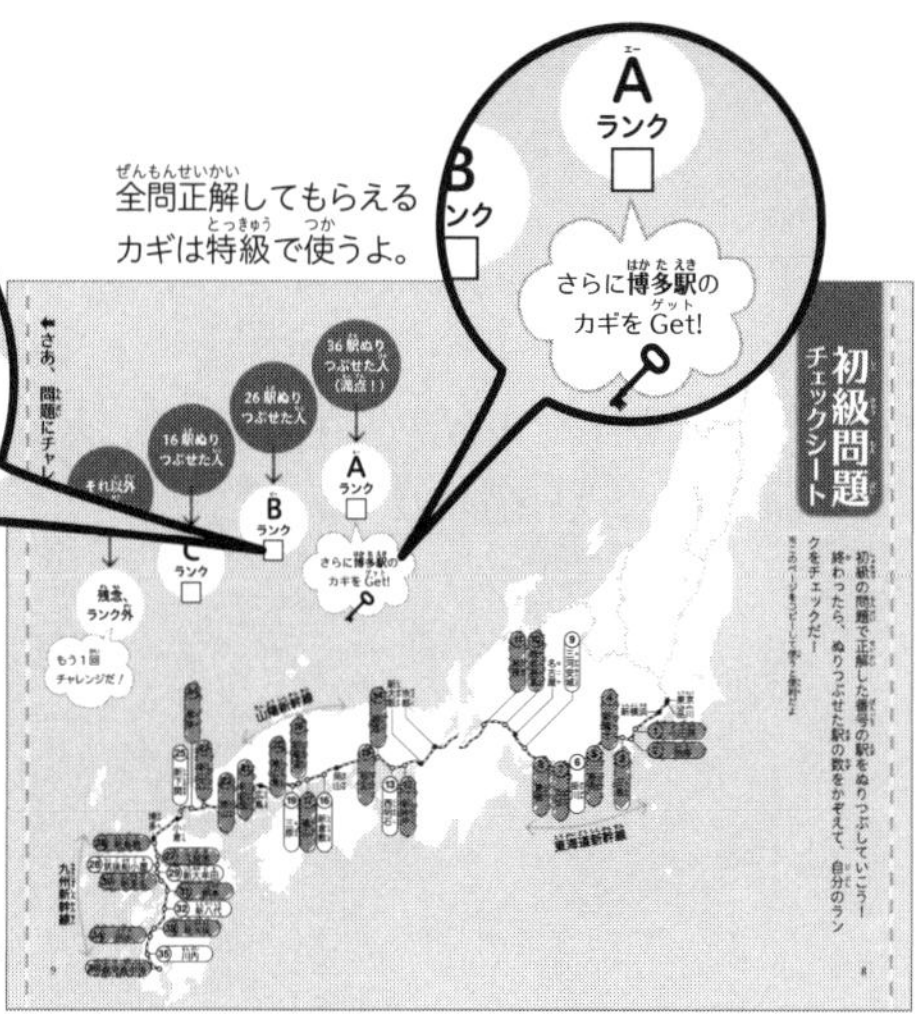

4 初級《しょきゅう》が全問《ぜんもん》終《お》わったら、点数《てんすう》をチェックしてランクをチェック。中級《ちゅうきゅう》をはじめよう。同《おな》じようにして、上級《じょうきゅう》、特級《とっきゅう》もやってね。

5 初級《しょきゅう》から特級《とっきゅう》まで問題《もんだい》をやり終《お》えたら、230 ページを開《ひら》いて、電車検定《でんしゃけんてい》何級《なんきゅう》かをチェックだ！

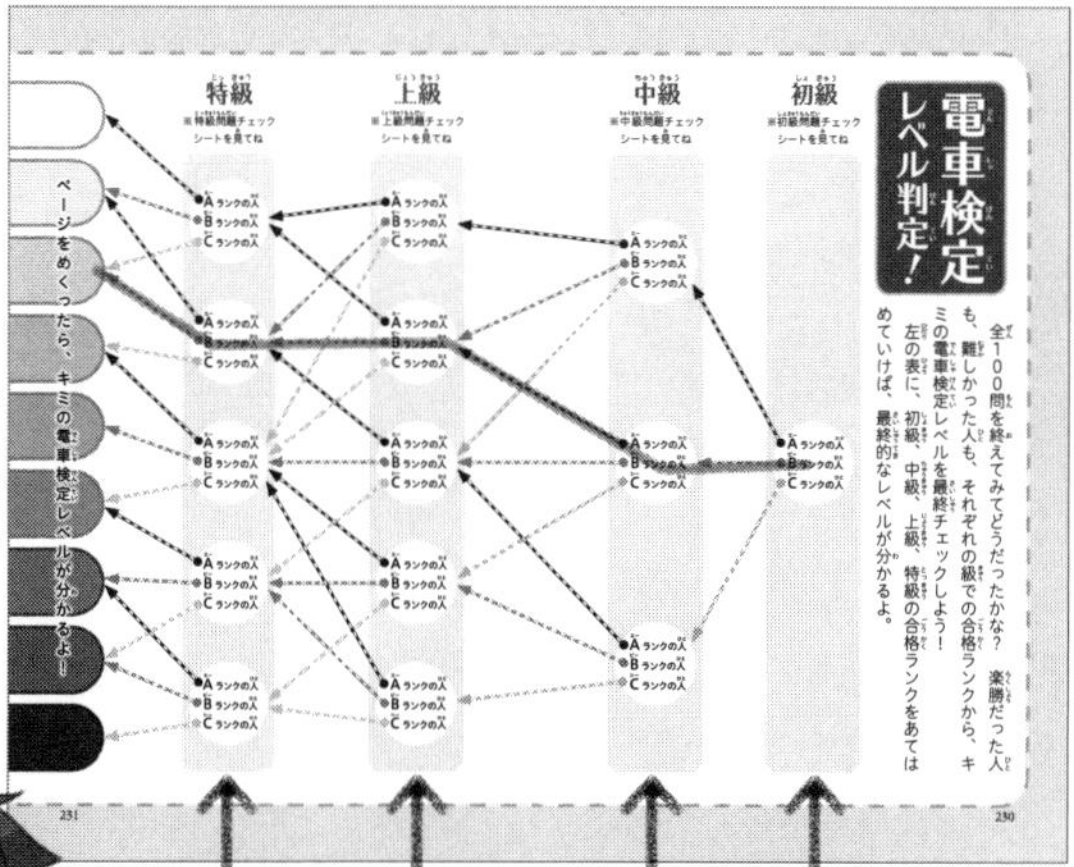

次《つぎ》のページをめくると、キミのレベルがわかるよ！

初級《しょきゅう》の☑ランクを選《えら》んで次《つぎ》に進《すす》む

中級《ちゅうきゅう》の☑ランクを選《えら》んで次《つぎ》に進《すす》む

上級《じょうきゅう》の☑ランクを選《えら》んで次《つぎ》に進《すす》む

特級《とっきゅう》の☑ランクを選《えら》んで次《つぎ》に進《すす》む

ぼくらと一緒《いっしょ》に電車王《でんしゃおう》をめざそう！

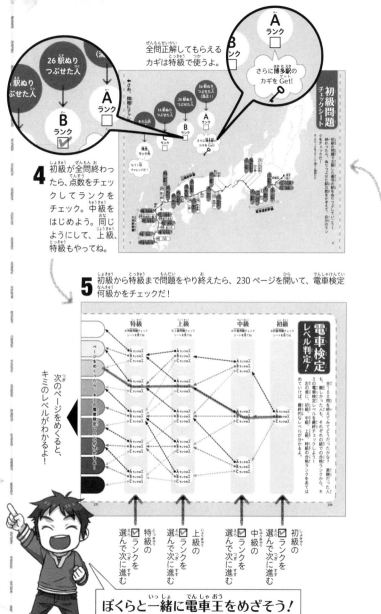

目次《もくじ》

電車検定《でんしゃけんてい》

初級《しょきゅう》

初級《しょきゅう》問題《もんだい》チェックシート

初級《しょきゅう》の問題《もんだい》で正解《せいかい》した番号《ばんごう》の駅《えき》をぬりつぶしていこう！ 終《お》わったら、ぬりつぶせた駅《えき》の数《かず》をかぞえて、自分《じぶん》のランクをチェックだ！

※このページをコピーして使《つか》うと便利《べんり》だよ

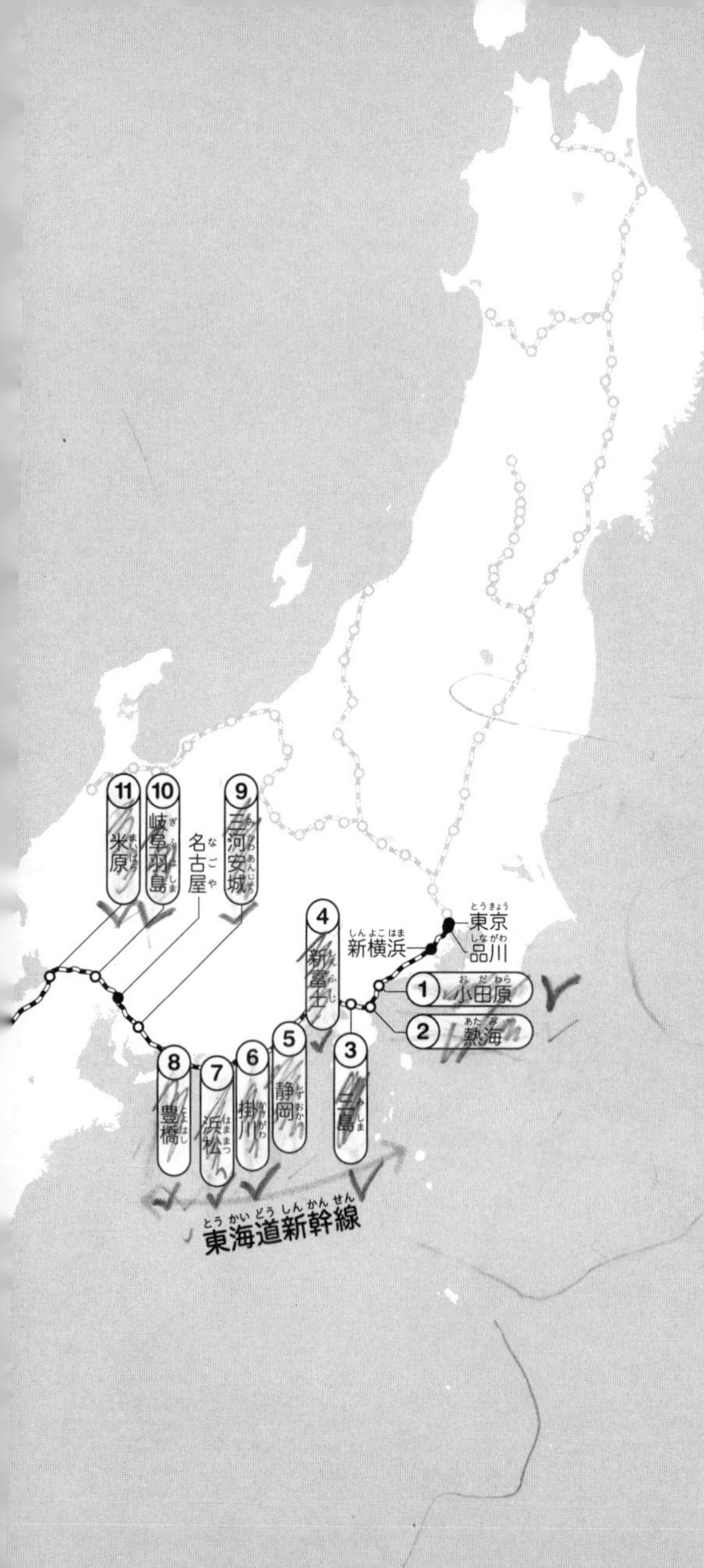

←さあ、問題《もんだい》にチャレンジ

36駅《えき》ぬりつぶせた人《ひと》（満点《まんてん》！）
↓
A《エー》ランク □
さらに博多駅《はかたえき》のカギをGet《ゲット》!

26駅《えき》ぬりつぶせた人《ひと》
↓
B《ビー》ランク □

16駅《えき》ぬりつぶせた人《ひと》
↓
C《シー》ランク □

それ以外《いがい》の人《ひと》
↓
残念《ざんねん》、ランク外《がい》
もう1回《かい》チャレンジだ！

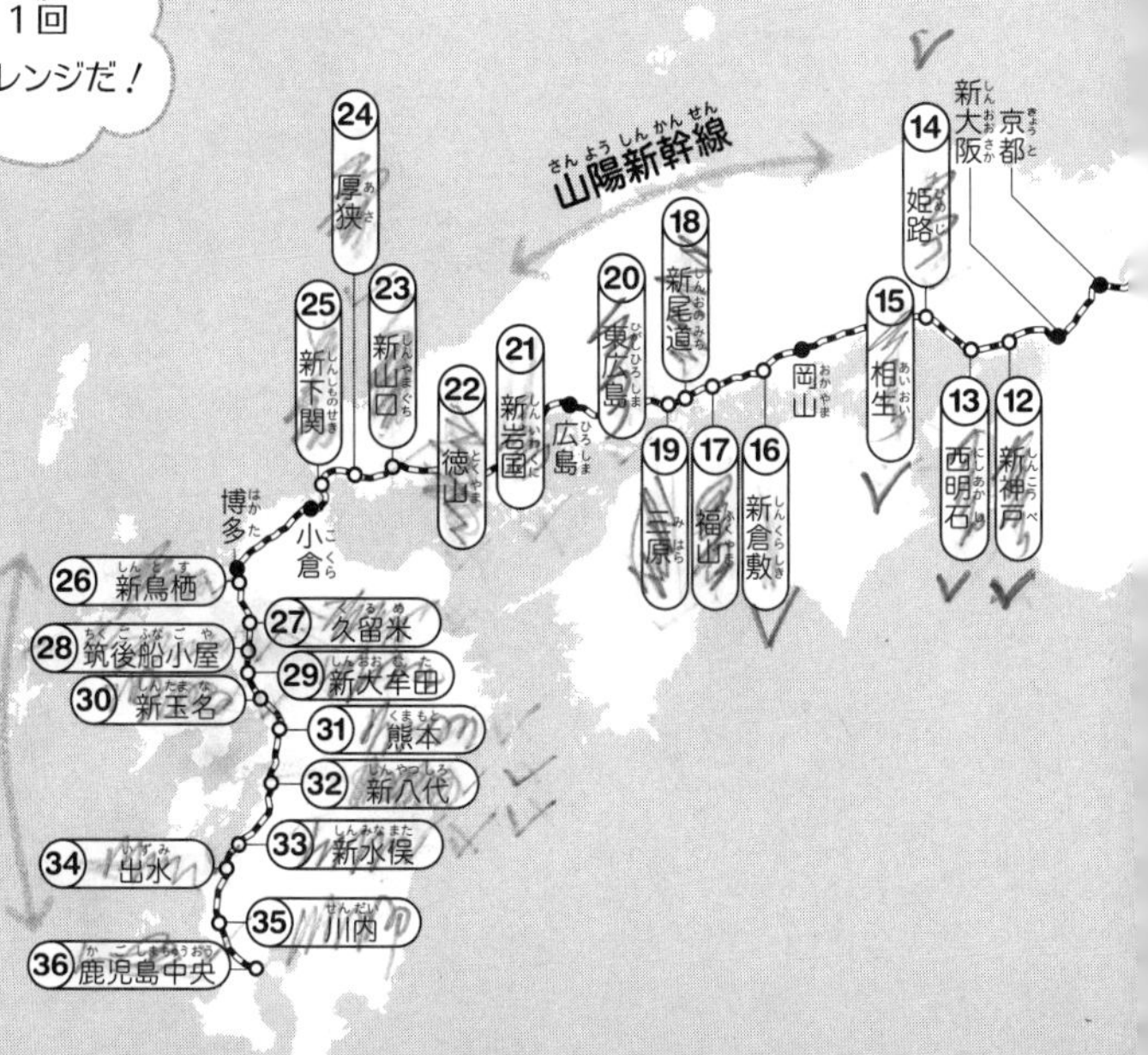

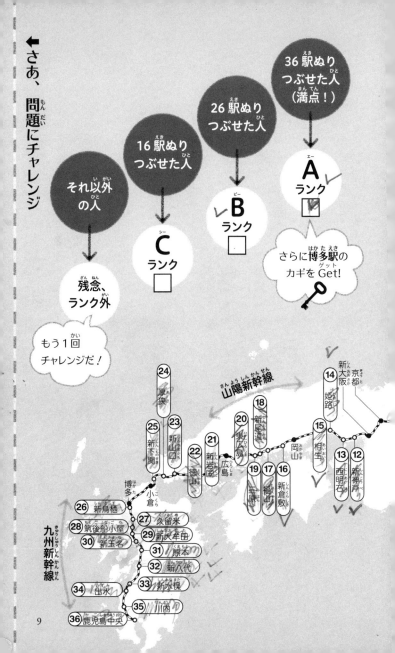

準備《じゅんび》はいいかな?
さっそく始《はじ》めよう!

初級《しょきゅう》 1

新幹線《しんかんせん》の線路《せんろ》や架線《かせん》をチェックする、黄色《きいろ》い新幹線《しんかんせん》の愛称《あいしょう》は？

① ドクターイエロー

② サザンクロス

③ スーパードクター

④ レールフォース

Hint!

この新幹線《しんかんせん》はとってもめずらしくて、めったに見《み》られないんだ！

検査《けんさ》のために走《はし》る列車《れっしゃ》で、正式名称《せいしきめいしょう》は『新幹線電気《しんかんせんでんき》・軌道総合試験車《きどうそうごうしけんしゃ》』です

車体《しゃたい》の色《いろ》や作業内容《さぎょうないよう》から、この愛称《あいしょう》が付《つ》いたんだよ

運行予定《うんこうよてい》は、時刻表《じこくひょう》にも載《の》っていません

正解《せいかい》していたら小田原《おだわら》をぬりつぶそう

① ドクターイエロー

『ドクターイエロー』は、「新幹線《しんかんせん》のレールが曲《ま》がっていないか？」「架線《かせん》（電車《でんしゃ》の上《うえ》を走《はし》っている電線《でんせん》）が傷《いた》んでいないか？」など、**線路周《せんろまわ》りをチェックするための新幹線《しんかんせん》**なんだ。仕事内容《しごとないよう》がお医者《いしゃ》さんと似《に》ていることと、黄色《きいろ》の車体《しゃたい》カラーから、ドクターイエローって言《い》われるようになったんだって。

列車《れっしゃ》の中《なか》には、たくさんの高性能検査機械《こうせいのうけんさきかい》が積《つ》みこまれていて、ものすごいスピードで走《はし》りながら、レールのゆがみ具合《ぐあい》、架線《かせん》の状態《じょうたい》、信号設備《しんごうせつび》、乗《の》り心地《ごこち》などを検査《けんさ》できるんです。

ドクターイエローが走《はし》るのは東海道《とうかいどう》・山陽新幹線《さんようしんかんせん》だけで、東《とう》北《ほく》・上越《じょうえつ》・北陸新幹線《ほくりくしんかんせん》などは、『East i《イースト アイ》』って名前《なまえ》の、車体《しゃたい》が赤《あか》と白《しろ》にぬられたE《イー》926形《がた》試験車《しけんしゃ》が担当《たんとう》するんだよ。

Photo ©小林大樹《こばやしだいき》（RGG）

初級
しょきゅう
2

白《しろ》い車体《しゃたい》に赤《あか》いラインが入《はい》っている、E《イー》6系《けい》新幹線《しんかんせん》の名称《めいしょう》はどれでしょう？

① かがやき

② さくら

③ つばさ

④ こまち

Hint!

この新幹線《しんかんせん》はとっても速《はや》いんだよね～

最高速度《さいこうそくど》が時速《じそく》320 km《キロメートル》だからね

すっごいね～!!　この車両《しゃりょう》は秋田新幹線《あきたしんかんせん》のほかに、東北新幹線《とうほくしんかんせん》にも使《つか》われているよね

東京《とうきょう》～秋田間《あきたかん》を約《やく》3時間《じかん》45分《ふん》で走《はし》るよ！

④ こまち

正解《せいかい》していたら熱海《あたみ》をぬりつぶそう

『こまち』って名前《なまえ》は、秋田新幹線《あきたしんかんせん》ができた時《とき》に「どんな名前《なまえ》がいいですか〜？」って一般《いっぱん》から募集《ぼしゅう》したの。それで一番多《いちばんおお》かったのが、こまちだったんだって〜。

小野小町《おののこまち》っていう、すっごい美人《びじん》っていわれている平安時代《へいあんじだい》の歌人《かじん》が秋田県湯沢市小野《あきたけんゆざわしおの》の出身《しゅっしん》らしいことから、秋田《あきた》ではとっても人気《にんき》なんだって。

このE《イー》6系新幹線《けいしんかんせん》って、普通《ふつう》の新幹線《しんかんせん》より車体《しゃたい》が一回《ひとまわ》り小《ちい》さいんだよね。

うん。田沢湖線《たざわこせん》や奥羽本線《おううほんせん》など、小《ちい》さめの列車《れっしゃ》が走《はし》る在来線《ざいらいせん》の線路《せんろ》も走《はし》っているのね。だから反対《はんたい》に、東京《とうきょう》〜盛岡間《もりおかかん》ではホームと車体《しゃたい》の間《あいだ》が大《おお》きく開《あ》いちゃうけど、乗車口《じょうしゃぐち》に自動《じどう》で動《うご》くステップがついていて、安全《あんぜん》に乗《の》れるようになっているんだよ。

Photo ○小林大樹《こばやしだいき》（RGG）

初級
しょきゅう
3

日本一《にほんいち》長《なが》い鉄道《てつどう》トンネルは次《つぎ》のうちどれでしょう？

① 六甲《ろっこう》トンネル

② 青函《せいかん》トンネル

③ 新関門《しんかんもん》トンネル

④ 朝日《あさひ》トンネル

Hint!

このトンネルは、列車《れっしゃ》で北海道《ほっかいどう》へ行《い》く時《とき》には、必《かなら》ず通《とお》るんだ！

ラーメンやジンギスカンが有名《ゆうめい》な北海道《ほっかいどう》やろ!!

……北海道《ほっかいどう》で有名《ゆうめい》なのは食《た》べものだけじゃないよ

牛《うし》や鹿《しか》やクマ牧場《ぼくじょう》や旭山《あさひやま》動物園《どうぶつえん》も有名《ゆうめい》やわ！

動物《どうぶつ》だけでもないって〜

正解《せいかい》

② 青函《せいかん》トンネル

正解《せいかい》していたら三島《みしま》をぬりつぶそう

『青函《せいかん》トンネル』は、青森県《あおもりけん》と北海道《ほっかいどう》の間《あいだ》にある、津軽海峡《つがるかいきょう》の下《した》を通《とお》る海底《かいてい》トンネルで、**鉄道用《てつどうよう》の海底《かいてい》トンネルとしては世《せ》界《かい》一《いち》長《なが》い**んだよっ！　青函《せいかん》って名前《なまえ》は青森《あおもり》の「青《あお》」と函館《はこだて》の「函《はこ》」、それぞれ頭《あたま》から一文字《ひともじ》ずつ取《と》って付《つ》けられたんだ。青函《せいかん》トンネルの全長《ぜんちょう》は58・85㎞《キロメートル》。海面下《かいめんか》240m《メートル》にあって、あまりにも長《なが》いから通過《つうか》には、約《やく》30分《ぷん》かかるんだ。

函館《はこだて》は、とっても夜景《やけい》のきれいな町《まち》で、北海道観光《ほっかいどうかんこう》の玄関口《げんかんぐち》として有名《ゆうめい》なんよね。青函《せいかん》トンネルって長《なが》いけど、海底《かいてい》を走《はし》るんやったらあきへんな！　水族館《すいぞくかん》のガラストンネルみたいに、お魚《さかな》が見《み》えてんねんやろ？

あっははは。青函《せいかん》トンネルは海底《かいてい》トンネルだけど、すべてコンクリートで造《つく》られているから、海《うみ》の中《なか》は見《み》えないんだよ。

初級《しょきゅう》

4

日本中《にほんじゅう》のＪＲ《ジェイアール》路線《ろせん》を乗《の》り放題《ほうだい》できるきっぷはなんでしょう？

① 青春《せいしゅん》18きっぷ

② 乗《の》り放題《ほうだい》きっぷ

③ 全国周遊券《ぜんこくしゅうゆうけん》

④ 一周《いっしゅう》まわるくん

Hint!

全国《ぜんこく》のＪＲ《ジェイアール》に乗《の》ることができちゃうの！？

はい。ルールはありますが、基本的《きほんてき》には新幹線以《しんかんせんい》外《がい》の「在来線《ざいらいせん》」にはすべて乗《の》ることができます

電車《でんしゃ》に乗《の》って、どこまでも行《い》けちゃうね！

鉄道《てつどう》ファンには、とっても楽《たの》しいきっぷですよ

正解《せいかい》

正解《せいかい》していたら新富士《しんふじ》をぬりつぶそう

① 青春《せいしゅん》18きっぷ

名前《なまえ》に「18」とあるので年齢制限《ねんれいせいげん》があると思《おも》われがちな『青春《せいしゅん》18きっぷ』ですが、**小学生《しょうがくせい》からお年寄《としよ》りのかたまで誰《だれ》でも利《り》用《よう》できる**んです。ねだんは**JR《ジェイアール》路線《ろせん》の全線《ぜんせん》1日《にち》乗《の》り放題《ほうだい》**券《けん》が5枚《まい》セットで、**11850円《えん》**（税込《ぜいこみ》）です。

要《よう》するに5日間《かかん》も乗《の》り放題《ほうだい》なのに、たったの11850円《えん》ってこと!? だったら、特急《とっきゅう》に乗《の》ってみんなでビューーンと日本中《にほんじゅう》走《はし》りまわろうよう〜。

実《じつ》は、それはできないんです。このきっぷで乗《の》れる列車《れっしゃ》は、在《ざい》来線《らいせん》を走《はし》る「普通列車《ふつうれっしゃ》」と「快速列車《かいそくれっしゃ》」に限《かぎ》られているんです。でも、日程《にってい》や臨時列車《りんじれっしゃ》の運行条件《うんこうじょうけん》にもよりますが、うまく組《く》み合《あ》わせれば1日《にち》で東京《とうきょう》から九州《きゅうしゅう》の熊本県《くまもとけん》まで行《い》けますよ。

1枚分《まいぶん》2370円《えん》で、そんなとこまで行《い》けちゃうの!?

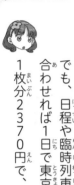

初級《しょきゅう》
5

博多《はかた》～鹿児島中央間《かごしまちゅうおうかん》を走《はし》る九州新幹線《きゅうしゅうしんかんせん》『つばめ』の使用車両《しようしゃりょう》はどれ？

① 800系新幹線《けいしんかんせん》

② N《エヌ》700系新幹線《けいしんかんせん》

③ E《イー》7系新幹線《けいしんかんせん》

④ E《イー》2系新幹線《けいしんかんせん》

Hint!

さくらさんの故郷《こきょう》の福岡《ふくおか》で、よく見《み》かけますよね

うち、この新幹線《しんかんせん》好《す》ぃとぉーよ！
イベントに行《い》く時《とき》とか、よく乗《の》るの！

車両《しゃりょう》のデザインは、僕《ぼく》の大好《だいす》きな水戸岡鋭治《みとおかえいじ》さんです。シートや内装《ないそう》も他《ほか》の新幹線《しんかんせん》とは、まったく違《ちが》っているんですよね！

正解《せいかい》

① 800系《けい》新幹線《しんかんせん》

正解《せいかい》していたら静岡《しずおか》をぬりつぶそう

新大阪《しんおおさか》～博多間《はかたかん》を走《はし》る山陽新幹線《さんようしんかんせん》の『さくら』や『みずほ』には、主《おも》にN《エヌ》700系《けい》7000番台《ばんだい》という車両《しゃりょう》が使用《しよう》されていますが、**博多《はかた》～鹿児島中央間《かごしまちゅうおうかん》を走《はし》る『さくら』『つばめ』には、この800系新幹線《けいしんかんせん》が使用《しよう》されています。**

この新幹線《しんかんせん》！　中《なか》もすごいんだよねっ！

内装《ないそう》は「和《わ》」をテーマにしているんです。シートは、フレーム表面《ひょうめん》にクスノキを使用《しよう》し、座面《ざめん》には西陣織《にしじんおり》の布《ぬの》を張《は》ってあります。ブラインドも木製《もくせい》なのです。

へぇ～。だから落《お》ち着《つ》けるのかなぁ？

そうかもしれませんね。こんなに多《おお》くの木材《もくざい》が使《つか》われた新幹線《しんかんせん》は初《はじ》めてでしたから。さらにすごいのは一部《いちぶ》の車両《しゃりょう》の壁《かべ》に、金《きん》ぱくを大量《たいりょう》に貼《は》っていること。豪華《ごうか》な作《つく》りでびっくりしますよ。

Photo ○松本正敏《まつもとまさとし》（RGG）

初級
しょきゅう
6

蒸《じょう》気《き》機《き》関《かん》車《しゃ》(SL《エスエル》)の燃《ねん》料《りょう》はなんでしょう?

① ガソリン

② 石炭《せきたん》

③ 電気《でんき》

④ 太陽光《たいようこう》

Hint!

蒸気機関車《じょうききかんしゃ》って、あの白《しろ》い煙《けむり》はいて走《はし》る列車《れっしゃ》のことやんなぁ

有名《ゆうめい》なのは、山口県《やまぐちけん》のJ《ジェイ》R《アール》山口線《やまぐちせん》を走《はし》る『SL《エスエル》やまぐち号《ごう》』だよね

う〜ん。「蒸気《じょうき》」で走《はし》ってるのは、わかってんねんけど、なにを燃料《ねんりょう》に蒸《じょう》気《き》を作《つく》っているんやろ……?

正解《せいかい》

正解《せいかい》していたら掛川《かけがわ》をぬりつぶそう

② 石炭《せきたん》

蒸気機関車《じょうききかんしゃ》には、火室《かしつ》っていう燃料《ねんりょう》を燃《も》やすところがあるの。そこで主《おも》に**石炭《せきたん》を燃《も》やして**出《で》た熱《ねつ》を、車体《しゃたい》の真《ま》ん中《なか》にあるボイラーっていう丸《まる》い筒《つつ》のような部分《ぶぶん》に通《とお》して、**水《みず》を水蒸気《すいじょうき》に変《か》えている**んだよ。蒸気《じょうき》の力《ちから》でピストンと呼《よ》ばれる装置《そうち》を動《うご》かして、機関車《きかんしゃ》の動輪《どうりん》を回《まわ》すんだ。

うわぁ〜、未来《みらい》ちゃんすごいなぁ。

えっへへ〜。前《まえ》にT3《ティースリー》のみんなと『SL《エスエル》やまぐち号《ごう》』を見《み》たからね。運転席《うんてんせき》も見《み》せてもらったんだけど、中《なか》ではおじさんが一所懸命《いっしょけんめい》スコップで石炭《せきたん》をすくって火室《かしつ》へ投《な》げ入《い》れていたんだ。

本《ほん》やインターネットだけやのうて、本物《ほんもの》を見《み》なあかんなぁ。

うん！　百聞《ひゃくぶん》は一見《いっけん》にしかず。みんなの近《ちか》くにもSL《エスエル》が走《はし》っているところがあると思《おも》うから、実物《じつぶつ》をチェックしてみてね！

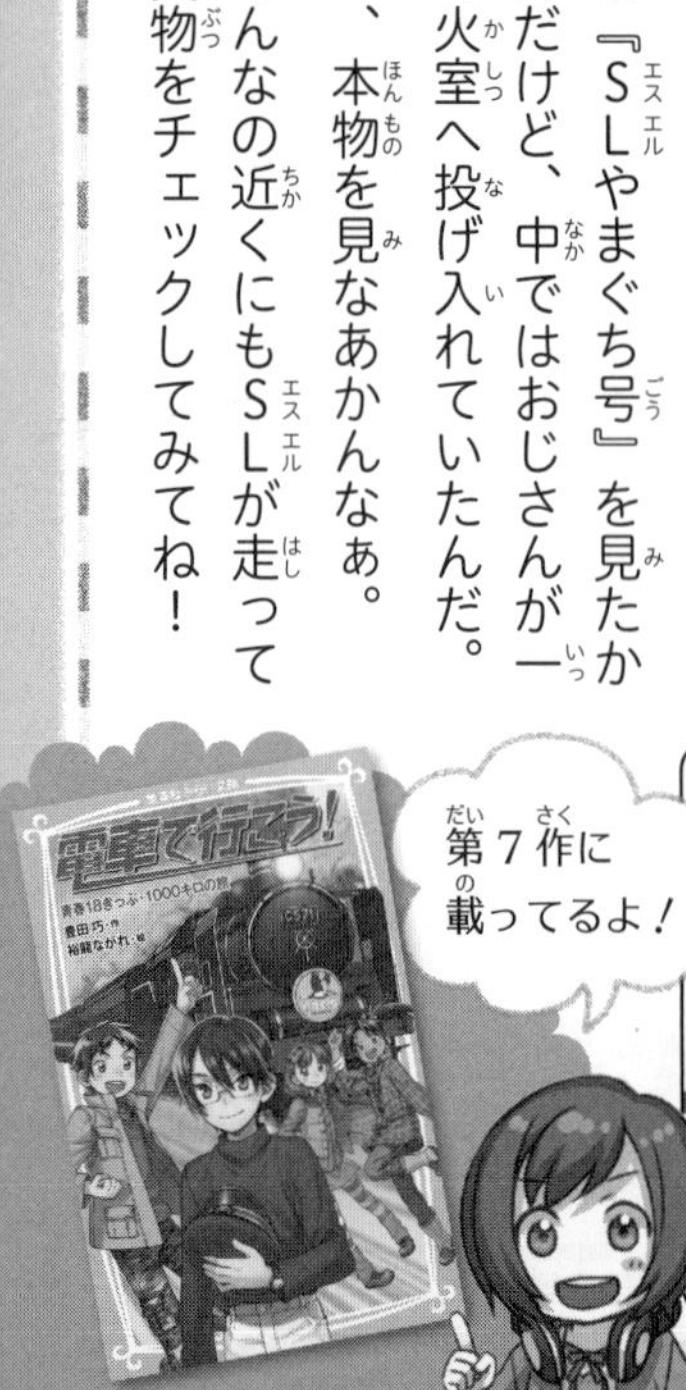

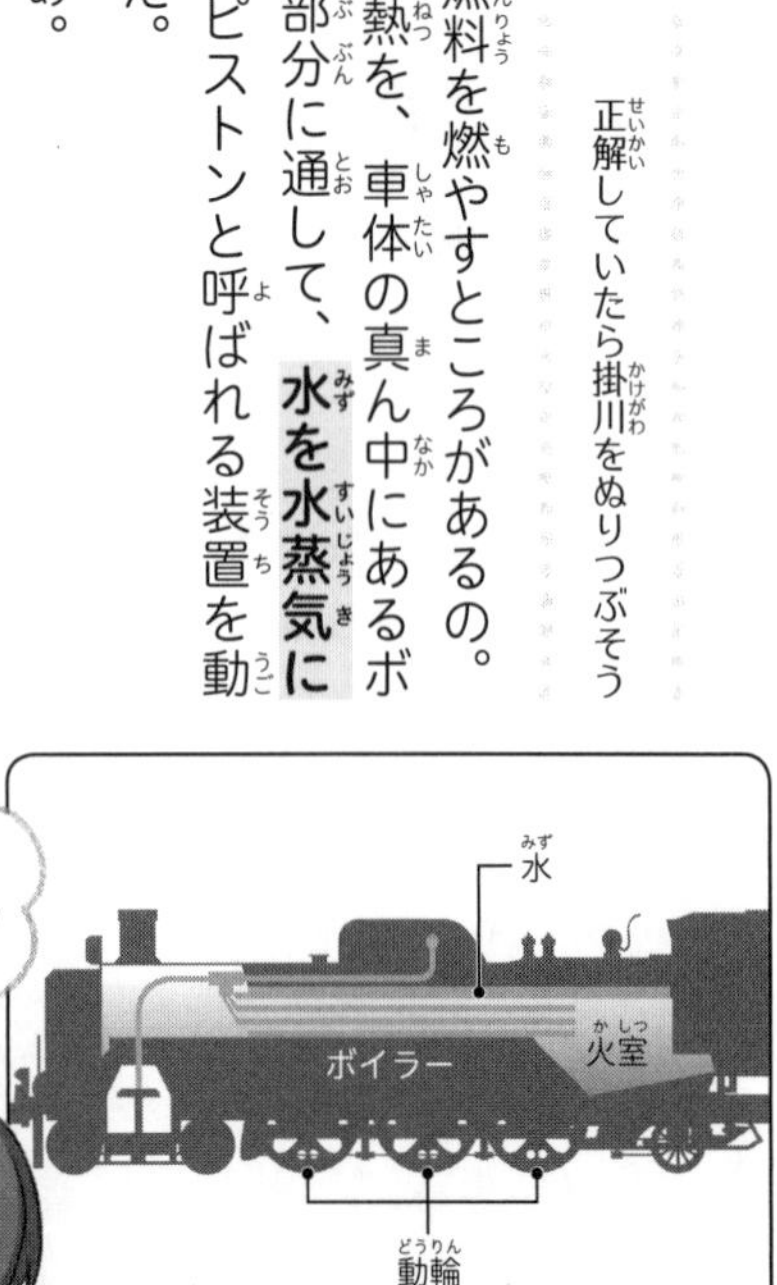

初級
しょきゅう
7

世界《せかい》で最初《さいしょ》に鉄道《てつどう》を走《はし》らせたのは、どこの国《くに》でしょう？

① アメリカ

② イギリス

③ フランス

④ ドイツ

Hint!

日本《にほん》とちゃうのん？

いやいや。1854年《ねん》にペリーが日本《にほん》へ来《き》た時《とき》に蒸《じょう》気機関車《ききかんしゃ》の模型《もけい》を持《も》ってきたくらいやでぇ

ほな、アメリカかな？

……それはどうやろか？

上田《うえだ》、なにもったいつけてんねん！

正解《せいかい》

正解《せいかい》していたら浜松《はままつ》をぬりつぶそう

② イギリス

蒸気機関車《じょうききかんしゃ》は、1804年《ねん》にリチャード・トレヴィシックってイギリス人《じん》が発明《はつめい》したんやけど、お客《きゃく》さんや貨物《かもつ》を運《はこ》んでお金《かね》を取《と》る**「商用鉄道《しょうようてつどう》」が世界《せかい》で初《はじ》めて造《つく》られたんは1825年《ねん》**なんや。『ストックトン・アンド・ダーリントン鉄道《てつどう》』っていうて、ジョージ・スチーブンソンが作《つく》った蒸気機関車《じょうききかんしゃ》で、約《やく》40㎞《キロメートル》の距離《きょり》を走《はし》ったんやって。

へぇ〜、鉄道《てつどう》はイギリスがすごいんや。

せやな。1863年《ねん》にはなんと！ まだ蒸気機関車《じょうききかんしゃ》の時代《じだい》やのに、世界《せかい》で最初《さいしょ》に地下鉄《ちかてつ》も開業《かいぎょう》しとるしなぁ。地下鉄《ちかてつ》で煙《けむり》の出《で》る蒸気機関車《じょうききかんしゃ》を使《つか》ったら、大変《たいへん》やん!?

せやねん。お客《きゃく》さんはススだらけで、駅《えき》が火事《かじ》になったりもしたらしいわ。

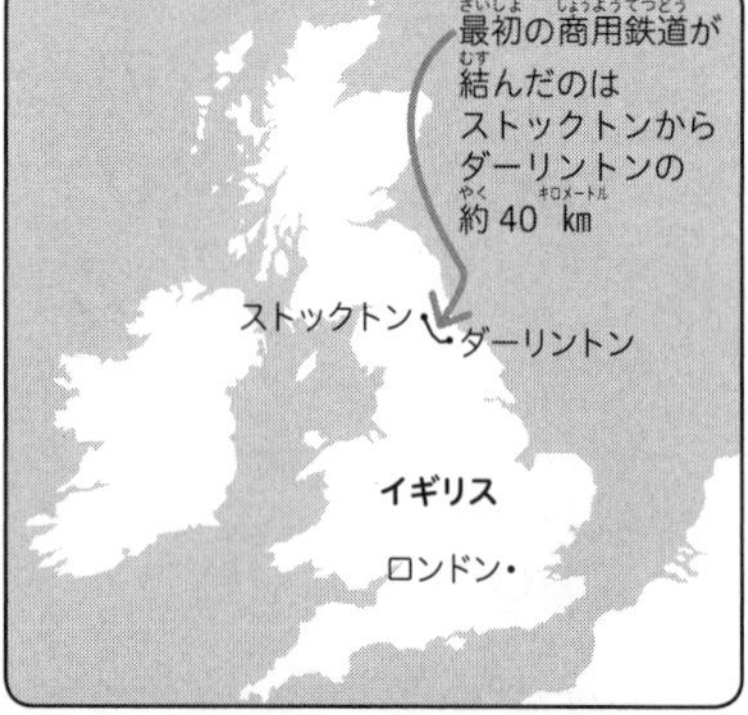

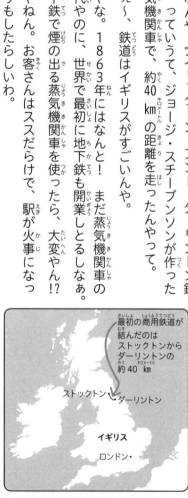

初級
しょきゅう
8

和歌山電鐵《わかやまでんてつ》の貴志駅《きしえき》で駅長《えきちょう》をしている動物《どうぶつ》とはどれでしょう？

① ねこ

② いぬ

③ ハムスター

④ うさぎ

Hint!

うわ～!!　動物《どうぶつ》が駅長《えきちょう》さんなんて信《しん》じられな～い

本当《ほんとう》だよ。和歌山電鐵《わかやまでんてつ》では、正式《せいしき》にこの動物《どうぶつ》を駅長《えきちょう》に任命《にんめい》しているんだ

かわいいんだろうなぁ。私《わたし》も見《み》にいきたいもん！

お客《きゃく》さんがたくさん見《み》に来《き》て、和歌山電鐵《わかやまでんてつ》はとても助《たす》かったらしいよ

正解《せいかい》

正解《せいかい》していたら豊橋《とよはし》をぬりつぶそう

① ねこ

ねこちゃんに、駅長《えきちょう》さんの仕事《しごと》ができるのかなぁ？

さすがにきっぷを切《き》ったりはできないけど、駅《えき》にいてくれるだけで、たくさんのお客《きゃく》さんを呼《よ》んでくれるんだから、すごいよね。2007年《ねん》から**駅長《えきちょう》**を務《つと》めた**たまちゃん**は、残念《ざんねん》ながら2015年《ねん》6月《がつ》に亡《な》くなってしまったけど、現在《げんざい》は**ニタマちゃん**が**駅長代行《えきちょうだいこう》**を務《つと》めているよ。

へえ～。駅長《えきちょう》さんたちが、本当《ほんとう》の招《まね》きねこなんだね。

それに、駅長《えきちょう》のたまちゃんがたくさんのお客《きゃく》さんを呼《よ》んでくれたから、貴志駅《きしえき》は屋根《やね》にねこ耳《みみ》がついた駅舎《えきしゃ》になったんだよ。

すごい！　もしかして、お給料《きゅうりょう》ももらっちゃっているのかな？

そうなんだ。駅長《えきちょう》のお給料《きゅうりょう》は、なんとキャットフード1年分《ねんぶん》なんだよ。

⬆ねこ耳《みみ》のついた貴志駅《きしえき》の駅舎《えきしゃ》
Photo ◯小笠原未来《おがさわらみらい》（T3）
⬅ニタマ駅長代行《えきちょうだいこう》　Photo ◯和歌山電鐵《わかやまでんてつ》

初級
しょきゅう
9

東京《とうきょう》〜出雲市間《いずもしかん》を走《はし》る寝台電車《しんだいでんしゃ》はどれでしょう？

① サンライズ瀬戸《せと》

② 北斗星《ほくとせい》

③ サンライズ出雲《いずも》

④ サンダーバード

Hint!

とってもお部屋《へや》がきれいな寝台電車《しんだいでんしゃ》ですよね！

1998（平成《へいせい》10）年《ねん》に走《はし》りはじめたばかりだからね

へぇ〜まだ十数年《じゅうすうねん》しか走《はし》っていないんですね

内装《ないそう》には、住宅《じゅうたく》メーカーさんも協力《きょうりょく》したから、とても落《お》ち着《つ》いた雰囲気《ふんいき》になったんだと思《おも》うよ

正《せい》解《かい》

③ サンライズ出雲《いずも》

正解《せいかい》していたら三河安城《みかわあんじょう》をぬりつぶそう

東京《とうきょう》を出発《しゅっぱつ》する『サンライズ出雲《いずも》』は、『サンライズ瀬戸《せと》』と連結《れんけつ》して走行《そうこう》して、岡山駅《おかやまえき》で切《き》り離《はな》すの。サンライズ瀬戸《せと》は、そのあと香川県《かがわけん》の高松《たかまつ》に向《む》かうのよ。使用《しよう》している285系《けい》って車両《しゃりょう》の中《なか》には、シャワー室《しつ》やミニロビーなんかもあるの。

切《き》り離《はな》しは毎朝《まいあさ》行《おこな》われるんだけど、最近《さいきん》はとっても有名《ゆうめい》になったから、たくさんの人《ひと》がその作業《さぎょう》を見物《けんぶつ》に来《く》るそうだね。

はい！　私《わたし》も連結《れんけつ》の切《き》り離《はな》しを見《み》ました！　連結部《れんけつぶ》の左右《さゆう》に開《ひら》いていた扉《とびら》が自動《じどう》でゆっくりと閉《し》まって、かっこよかったです。

ちなみに、高松《たかまつ》と出雲市《いずもし》を夕方《ゆうがた》に出発《しゅっぱつ》して**東京《とうきょう》へ向《む》かうサンライズは、今度《こんど》は岡山《おかやま》でドッキング**してから東京《とうきょう》へ向《む》かうんだ。でも、作業《さぎょう》は夜遅《よるおそ》くになっちゃうし、連結時《れんけつじ》には車両《しゃりょう》の扉《とびら》が開《あ》かないから乗《の》っていると見《み》ることができないんだよ。

Photo ○荒川好夫《あらかわよしお》（RGG）

初級
しょきゅう
10

特急列車《とっきゅうれっしゃ》などの正面《しょうめん》についている、列車名《れっしゃめい》などが描《えが》かれたマークの名前《なまえ》は？

① サインマーク

② 列車《れっしゃ》マーク

③ ブルーマーク

④ ヘッドマーク

Hint!

このマークを撮影《さつえい》している鉄道《てつどう》ファンの人《ひと》もたくさんいるって聞《き》くよね

私《わたし》も、電車《でんしゃ》が来《き》たら先頭《せんとう》まで行《い》って、絶対《ぜったい》にこれを撮影《さつえい》するんだ。だってかっこいいもん！

マークには列車名《れっしゃめい》のほかにイラストも入《はい》っていたりして、それも楽《たの》しみなんだよね

正解《せいかい》していたら岐阜羽島《ぎふはしま》をぬりつぶそう

④ ヘッドマーク

1950（昭和《しょうわ》25）年《ねん》から東京《とうきょう》～大阪《おおさか》間《かん》を走《はし》った**特急《とっきゅう》『つばめ』**が、**ヘッドマークが最初《さいしょ》に付《つ》けられた列車《れっしゃ》**だと言《い》われているんだ。それからどんどん増《ふ》えていって、ブルートレインブームの頃《ころ》には、ほとんどの特急列車《とっきゅうれっしゃ》の先頭《せんとう》に、丸《まる》い大《おお》きな金属製《きんぞくせい》のヘッドマークが取《と》りつけられていたんだって～。

先頭部分《せんとうぶぶん》に四角《しかく》く特急名《とっきゅうめい》が表示《ひょうじ》されている列車《れっしゃ》もあるよね。あれは『方向幕《ほうこうまく》』だね。中《なか》にあるロールをグルグル回《まわ》したり、電光表示《でんこうひょうじ》を変《か》えることで、いろいろなマークを表示《ひょうじ》できるようになっているんだ。

たとえば、東京《とうきょう》～伊豆《いず》間《かん》を走《はし》る特急《とっきゅう》『踊《おど》り子《こ》』には踊《おど》り子《こ》をイメージした女《おんな》の子《こ》、大阪《おおさか》～南紀《なんき》間《かん》を走《はし》る特急《とっきゅう》『くろしお』だったら大《おお》きな波《なみ》が描《えが》かれているよ。

Photo ○ RGG 所蔵《しょぞう》

初級
しょきゅう
11

日本《にほん》で最《もっと》も北《きた》にある駅《えき》はどれでしょう？

① 東根室《ひがしねむろ》

② 稚内《わっかない》

③ 赤嶺《あかみね》

④ 那覇空港《なはくうこう》

Hint!

地元《じもと》の人《ひと》じゃなかったら、この駅《えき》に降《お》り立《た》つのは一生《いっしょう》に１回《かい》くらいかな

北《きた》の果てってことは北海道《ほっかいどう》にあるんやろうか？

まぁ、そうなるよね。夏《なつ》でも涼《すず》しくて、冬《ふゆ》は凍《こお》りそうなくらいの、冷凍庫《れいとうこ》のような場所《ばしょ》なんだ

さっ、寒《さむ》そうやな～!!

正解《せいかい》 ② 稚内《わっかない》

正解《せいかい》していたら米原《まいばら》をぬりつぶそう

日本《にほん》の鉄道《てつどう》で、最《もっと》も北《きた》に位置《いち》する駅《えき》。きれいなコンクリート製《せい》の駅舎《えきしゃ》の外《そと》には黄色《きいろ》の車止《くるまど》めが設置《せっち》してあって、ここが日本《にほん》の鉄道《てつどう》の北《きた》の果《は》てってことがわかるようになっているよ。

ここまで行《い》くのはすごい時間《じかん》かかりそうやなぁ。

だいたいの計算《けいさん》だけど……。大阪《おおさか》からだと新幹線《しんかんせん》と特急《とっきゅう》を乗《の》り継《つ》いで、うまくいけば24時間《じかん》くらいで着《つ》くかもしれないね。

につ、24時間《じかん》!? 丸一日《まるいちにち》電車《でんしゃ》の中《なか》とは楽《たの》しそうや!

あっはは。もう少《すこ》し大《おお》きくなったら上田君《うえだくん》も稚内《わっかない》まで電車《でんしゃ》で行《い》ってみるといいよ。ちなみに鉄道《てつどう》の最東端《さいとうたん》は北海道《ほっかいどう》の東根《ひがしね》室《むろ》、最南端《さいなんたん》は沖縄《おきなわ》の赤嶺《あかみね》、最西端《さいせいたん》の駅《えき》は沖縄《おきなわ》の那覇空港《なはくうこう》だよ。

俺《おれ》はいつか日本《にほん》の端《はし》にある駅《えき》に、すべて行《い》ったるどぅ!

Photo ©小笠原未来《おがさわらみらい》(T3)

初級
しょきゅう
12

関西《かんさい》にある府県《ふけん》のうち、新幹線《しんかんせん》が通《とお》っていないのはどこでしょう？

① 大阪府《おおさかふ》

② 京都府《きょうとふ》

③ 奈良県《ならけん》

④ 滋賀県《しがけん》

Hint!

う〜ん。いきなり聞《き》かれるとわからないね

そうですね。関西《かんさい》に住《す》んでいるみんなには、とっても簡単《かんたん》な問題《もんだい》だと思《おも》いますが……

こういう時《とき》は、時刻表《じこくひょう》の先頭《せんとう》に載《の》っている地図《ちず》を見《み》ればいいのよね。調《しら》べてみよ〜っと♪

正解《せいかい》

正解《せいかい》していたら新神戸《しんこうべ》をぬりつぶそう

③ 奈良県《ならけん》

調《しら》べてみたら、新幹線《しんかんせん》の駅《えき》に「奈良《なら》」はなかったよ。

そうなんです。たとえば、東京《とうきょう》から奈良《なら》へ向《む》かう時《とき》は、名古屋《なごや》か京都《きょうと》か新大阪《しんおおさか》から、乗《の》り換《か》えて行《い》くことになります。

でも、意外《いがい》な感《かん》じがするよね。東大寺《とうだいじ》の大仏《だいぶつ》や法隆寺《ほうりゅうじ》とか、たくさんの有名《ゆうめい》な観光地《かんこうち》があるのに、今《いま》まで通《とお》らなかったなんて。

名古屋《なごや》から奈良《なら》へ向《む》かう途中《とちゅう》に、鈴鹿山脈《すずかさんみゃく》という山地《さんち》があるんです。新幹線《しんかんせん》が計画《けいかく》された当時《とうじ》は、「トンネルなどの建設費《けんせつひ》が高《たか》くつく」などの理由《りゆう》で、奈良《なら》を通《とお》らずに、関《せき》ケ原《がはら》、米原《まいばら》、大津《おおつ》などの地域《ちいき》を通《とお》って、京都《きょうと》、新大阪《しんおおさか》に着《つ》くルートになったようです。ですが、奈良《なら》にはこれから一発逆転《いっぱつぎゃくてん》の可能性《かのうせい》があるのです！　**リニア中央新幹線《ちゅうおうしんかんせん》が、奈良《なら》に駅《えき》を作《つく》る**予定《よてい》ですから！

おぉ〜！　それはすごい逆転満塁《ぎゃくてんまんるい》ホームランだね。

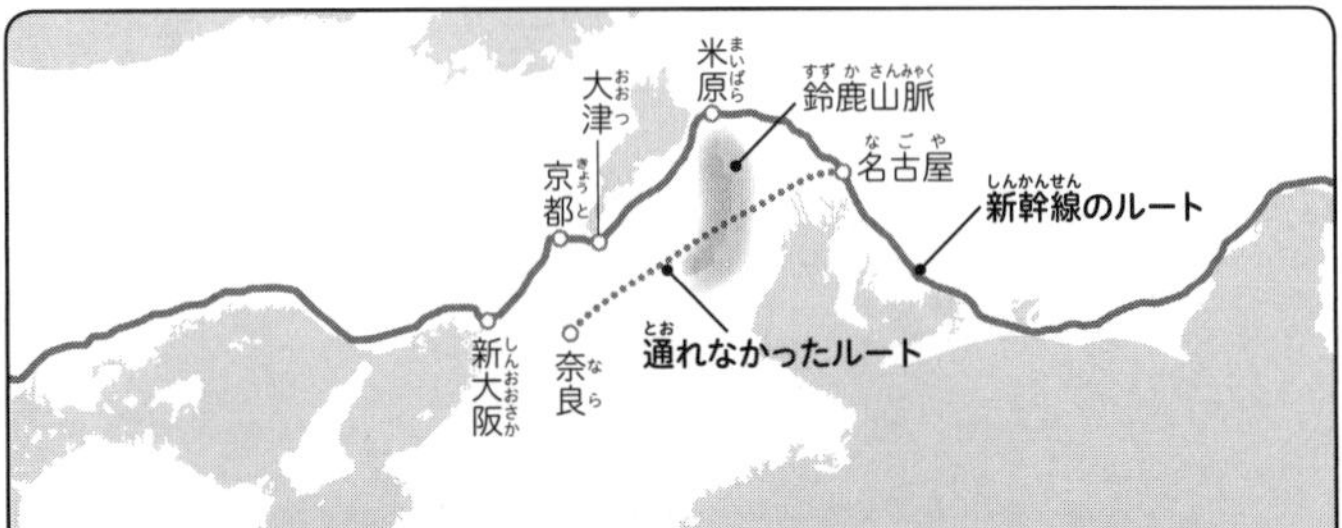

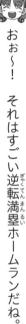

初級
しょきゅう
13

次《つぎ》の新幹線《しんかんせん》のうち、すでに引退《いんたい》した車両《しゃりょう》はどれでしょう？

① 0系新幹線《けいしんかんせん》

② 500系新幹線《けいしんかんせん》

③ 700系新幹線《けいしんかんせん》

④ 800系新幹線《けいしんかんせん》

Hint!

新幹線《しんかんせん》にはタイプによって「○○系《けい》」って名前《なまえ》があるのよ

知《し》ってる～。ＪＲ東海《ジェイアールとうかい》、ＪＲ西日本《ジェイアールにしにほん》、ＪＲ九州《ジェイアールきゅうしゅう》は「○00系《けい》」となっているけど、ＪＲ東日本《ジェイアールひがしにほん》は「Ｅ《イー》○系《けい》」って付《つ》けられているのよね

ＪＲ西日本《ジェイアールにしにほん》でも、北陸新幹線《ほくりくしんかんせん》にはＷ《ダブリュー》７系《けい》って名前《なまえ》が付《つ》けられてるんだよ

正解《せいかい》

① 0《ゼロ》系《けい》新《しん》幹《かん》線《せん》

正解《せいかい》していたら西明石《にしあかし》をぬりつぶそう

0《ゼロ》系《けい》新幹線《しんかんせん》はJR《ジェイアール》が分割民営化《ぶんかつみんえいか》する前《まえ》にあった、日本国有鉄道《にほんこくゆうてつどう》(国鉄《こくてつ》)が1964(昭和《しょうわ》39)年《ねん》の東海道新幹線開業《とうかいどうしんかんせんかいぎょう》に合《あ》わせて開発《かいはつ》した、**最《もっと》も古《ふる》い新幹線《しんかんせん》**なの。世界《せかい》で初《はじ》めて時速《じそく》200km《キロメートル》以上《いじょう》の営業運転《えいぎょううんてん》を行《おこな》ったんだって。

0《ゼロ》系《けい》新幹線《しんかんせん》はお鼻《はな》が丸《まる》っこくって、好《す》きだったのになぁ〜。

うん。3216両《りょう》も製造《せいぞう》されて、44年間《ねんかん》にわたって使用《しよう》されたんだけど……。2008(平成《へいせい》20)年《ねん》に完全《かんぜん》に営業運転《えいぎょううんてん》を終《お》えたの。もう走《はし》ることはないけど、大宮《おおみや》にある鉄道博物館《てつどうはくぶつかん》や、名《な》古屋《ごや》にあるリニア・鉄道館《てつどうかん》では、まだ見《み》ることができるって。

あれ、青《あお》いラインの入《はい》った500系《けい》も最近《さいきん》見《み》ないよね?

500系《けい》は大丈夫《だいじょうぶ》。JR《ジェイアール》西日本《にしにほん》のエリアに行《い》くと、まだ走《はし》っているから!

Photo ○森嶋孝司《もりしまこうじ》(RGG)

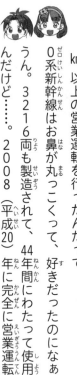

初級
しょきゅう
14

福島《ふくしま》～新庄間《しんじょうかん》を走《はし》るリゾート新幹線《しんかんせん》『とれいゆ つばさ』にある設備《せつび》とは？

① ゲームセンター

② 足湯《あしゆ》

③ プール

④ シャワー

Hint!

この設備《せつび》は日本《にほん》の鉄道《てつどう》としては初《はつ》になります

なんか、列車《れっしゃ》の中《なか》でなんでもできるようになってきたなぁ

単《たん》に移動《いどう》に便利《べんり》なだけではなく、列車《れっしゃ》に乗《の》りながら楽《たの》しめるようになっている鉄道《てつどう》がたくさんありますね

正解《せいかい》

正解《せいかい》していたら姫路《ひめじ》をぬりつぶそう

② 足湯《あしゆ》

『とれいゆ つばさ』はもともと、秋田新幹線《あきたしんかんせん》『こまち』で使用《しよう》されていた**E3《イー》系新幹線《けいしんかんせん》を改造《かいぞう》**して造《つく》られました。6両編成《りょうへんせい》で、山形方面《やまがたほうめん》の先頭車《せんとうしゃ》となる16号車《ごうしゃ》には「くつろぎの間《ま》」という場所《ばしょ》があって、**足湯《あしゆ》に入《はい》ることができる**んです。

そんなんガタンゴトン揺《ゆ》れるのに、中《なか》のお湯《ゆ》がザバーってあふれてきて、えらいことにならへんのかいな？

世界《せかい》でも類《るい》を見《み》ない乗《の》り心地《ごこち》のいい日本《にほん》の新幹線《しんかんせん》ですから、緊急停車《きんきゅうていしゃ》でもしない限《かぎ》りは大丈夫《だいじょうぶ》みたいですよ。さらに、15号車《ごうしゃ》は「湯上《ゆあ》がりラウンジ」って名前《なまえ》で、本桜《ほんざくら》のテーブルの置《お》かれた畳敷《たたみじ》きのお座敷《ざしき》や、紅花色《べにばないろ》のバーカウンターが設置《せっち》されていて、東北《とうほく》の美味《おい》しい食《た》べものや飲《の》みものがいただけるそうです。

もう、これは**走《はし》る温泉街《おんせんがい》**って感《かん》じやなぁ。

Photo ○小林大樹《こばやしだいき》（RGG）

初級
しょきゅう
15

寝台特急《しんだいとっきゅう》『北斗星《ほくとせい》』のヘッドマークのベースは何色《なにいろ》？

① 青《あお》

② ピンク

③ 黄《き》

④ 緑《みどり》

Hint!

定期運転《ていきうんてん》は終了《しゅうりょう》しちゃったけど、寝台特急《しんだいとっきゅう》『北斗《ほくと》星《せい》』は好《す》きだったなぁ

昔《むかし》ながらの夜行列車《やこうれっしゃ》って雰囲気《ふんいき》だったよね。ああいうのって、ほら、「なんとかトレイン」っていうのよね

……未来《みらい》

正解《せいかい》

① 青《あお》

正解《せいかい》していたら相生《あいおい》をぬりつぶそう

『北斗星《ほくとせい》』は、北《きた》の空《そら》に輝《かがや》く**北斗七星《ほくとしちせい》をイメージして**付《つ》けられた名前《なまえ》だから、ベースは**宇宙《うちゅう》のような濃《こ》い青色《あおいろ》**になったんだよ。列車《れっしゃ》の名前《なまえ》は、一般《いっぱん》の人《ひと》から募集《ぼしゅう》したんだけど、1位《い》は北海《ほっかい》、2位《い》はタンチョウ、3位《い》はオーロラだったんだって。

あれ？　北斗星《ほくとせい》が入《はい》ってないよ。

列車《れっしゃ》の名前《なまえ》は、応募人気《おうぼにんき》1位《い》の名前《なまえ》になるとは限《かぎ》らないんだ。北斗星《ほくとせい》の順位《じゅんい》は108位《い》。

108位《い》――!?　めっちゃ順位低《じゅんいひく》いじゃん。

北斗星《ほくとせい》の時《とき》は、「夜行列車《やこうれっしゃ》は星《ほし》の名前《なまえ》を使《つか》う」っていう慣例《かんれい》にしたがって、北斗星《ほくとせい》に決《き》めたらしいんだ。

だから、札幌行《さっぽろいき》のもう1つの寝台列車《しんだいれっしゃ》は『カシオペア』なのね。

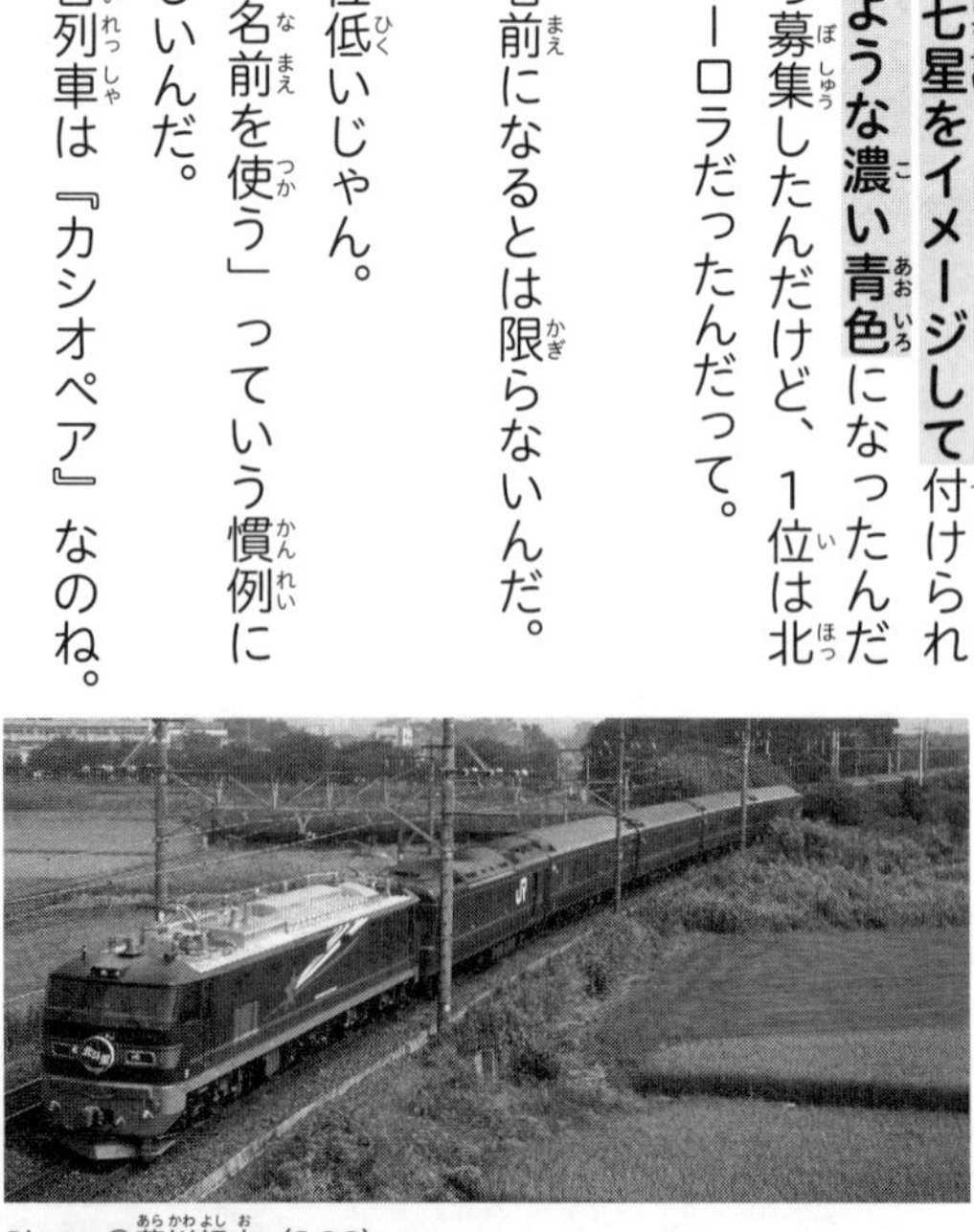

Photo ○荒川好夫《あらかわよしお》（RGG）

初級
しょきゅう
16

1964年《ねん》に開業《かいぎょう》した最初《さいしょ》の新幹線《しんかんせん》は、東京《とうきょう》とどの駅《えき》の間《あいだ》を走《はし》ったでしょう？

① 名古屋《なごや》

② 新大阪《しんおおさか》

③ 広島《ひろしま》

④ 博多《はかた》

Hint!

みんなまだ生《う》まれてないから、わからないわよね

そうですね。1964（昭《しょう》和《わ》39）年《ねん》といえば、50年《ねん》くらい前《まえ》ですからね

今《いま》は、北《きた》は新青森《しんあおもり》から南《みなみ》は鹿児島中央《かごしまちゅうおう》まで走《はし》ってるけど……

父《とう》さんや母《かあ》さんなら知《し》っているでしょうね

正解《せいかい》していたら新倉敷《しんくらしき》をぬりつぶそう

② 新大阪《しんおおさか》

1964（昭和《しょうわ》39）年《ねん》には**東京《とうきょう》オリンピック**、1970（昭《しょう》和《わ》45）年《ねん》には、**大阪《おおさか》で日本万国博覧会《にっぽんばんこくはくらんかい》**の開催《かいさい》が決定《けってい》していたために、東海道《とうかいどう》**新幹線《しんかんせん》はそれらに合《あ》わせて作《つく》られた**んです。

それで、最初《さいしょ》の新幹線《しんかんせん》は東京《とうきょう》～新大阪間《しんおおさかかん》で開業《かいぎょう》したってわけね。

最初《さいしょ》の新幹線《しんかんせん》の最高速度《さいこうそくど》は時速《じそく》210㎞《キロメートル》。東京《とうきょう》～新大阪間《しんおおさかかん》は、当時《とうじ》最速《さいそく》の『ひかり』でも4時間《じかん》以上《いじょう》かかっていました。それに東海道本線《とうかいどうほんせん》に比《くら》べると料金《りょうきん》が高《たか》くて、「そんなにお客《きゃく》さんはいないだろう」と、ダイヤにはかなり空《あ》きがあり、『ひかり』と『こだま』が1時間《じかん》に1本《ぽん》ずつしか走《はし》ってなかったんですよ。

今《いま》なら1時間《じかん》に10本《ぽん》以上《いじょう》は走《はし》っているもんね。

現在《げんざい》は最大《さいだい》で1日《にち》342本《ほん》。東京《とうきょう》～新大阪間《しんおおさかかん》の所要時間《しょようじかん》も2時《じ》間《かん》22分《ふん》に短縮《たんしゅく》され、**50年間《ねんかん》で約《やく》56億人《おくにん》を運《はこ》んだ**そうです。

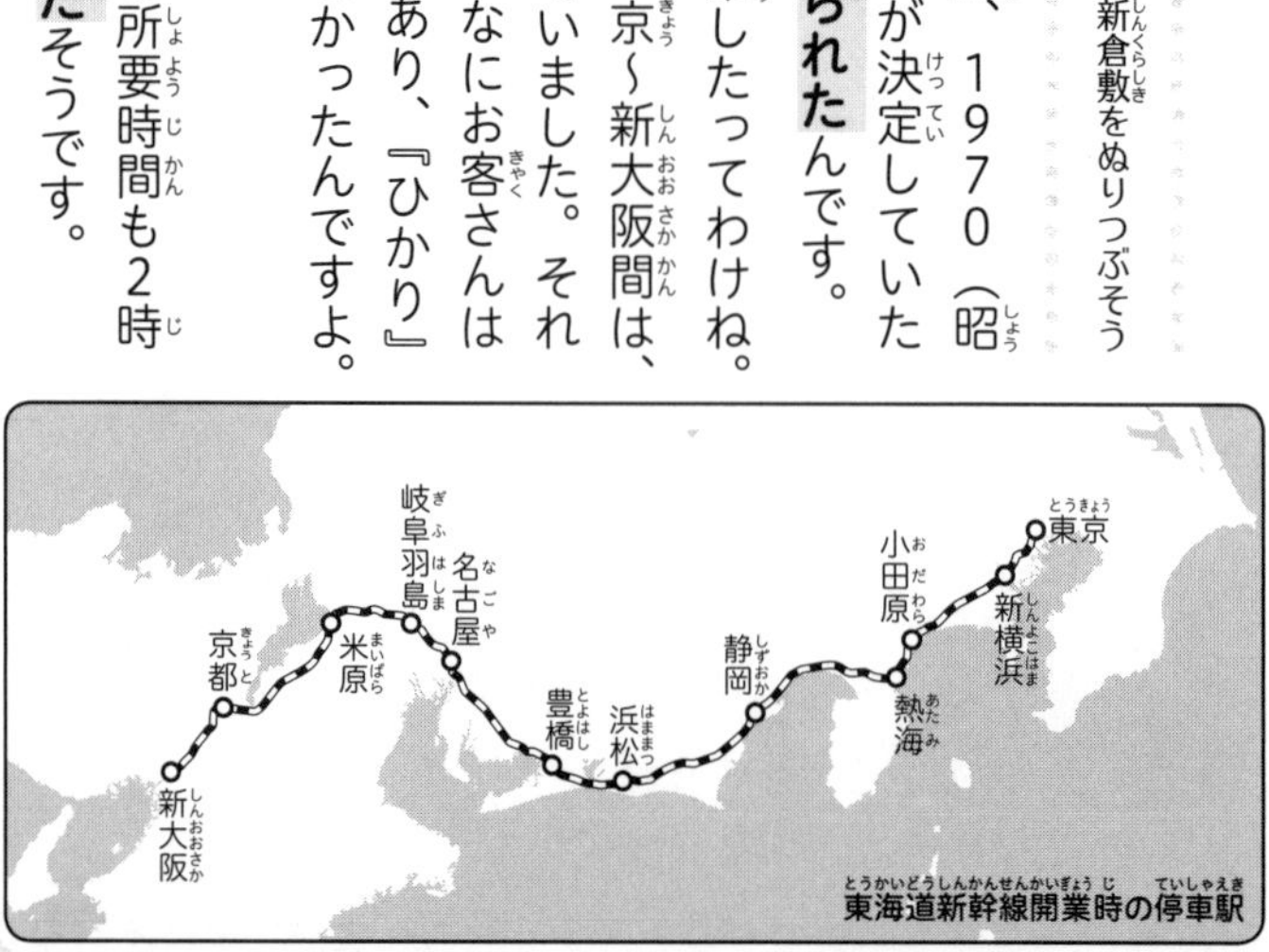

東海道新幹線開業時《とうかいどうしんかんせんかいぎょうじ》の停車駅《ていしゃえき》

初級
しょきゅう
17

フランスを走《はし》る高速鉄道《こうそくてつどう》の名前《なまえ》は？

① ICE《アイシーイー》

② 高鉄《こうてつ》

③ AVE《エーブイイー》

④ TGV《ティージーブイ》

Hint!

フッ、フランス～!?

そうだよ。今《いま》、高速鉄道《こうそくてつどう》建設《けんせつ》ブームで、世界各国《せかいかっこく》で新幹線《しんかんせん》みたいな列車《れっしゃ》が走《はし》っているんだ。飛行機《ひこうき》よりもクリーンな乗《の》りものだからね！

そおかぁ。電車《でんしゃ》なら排気《はいき》ガスも出《で》ぇへんから、環境《かんきょう》にはやさしいもんな

正解《せいかい》

④ TGV《ティージーブイ》

正解《せいかい》していたら福山《ふくやま》をぬりつぶそう

日本《にほん》の新幹線《しんかんせん》とは、最高速度記録《さいこうそくどきろく》を何度《なんど》も塗《ぬ》りかえられたり、塗《ぬ》りかえしたりしている、**よきライバル**なんだよ。『TGV《ティージーブイ》』はフランス全土《ぜんど》だけじゃなく、ドイツ、スイス、イタリア、ベルギー、ルクセンブルク、スペイン、イギリスへ乗《の》り入《い》れていて、イギリスに向《む》かってはドーバー海峡《かいきょう》の下《した》を潜《くぐ》りぬける英仏《えいふつ》海峡《かいきょう》トンネルを通《とお》って走《はし》っているんだ。

そんなたくさんの国《くに》で走《はし》ってるなんて、夢《ゆめ》があるなぁ。

そうだよね。だから、TGV《ティージーブイ》に影響《えいきょう》を受《う》けてドイツでは『ICE《アイシーイー》』、スペインでは『AVE《エーブイイー》』って高速鉄道《こうそくてつどう》が走《はし》りはじめたんだ。そして、そんな高速列車《こうそくれっしゃ》ブームはアジアにもやってきていて、中国《ちゅうごく》では『高鉄《こうてつ》』、台湾《たいわん》では『台湾高速鉄道《たいわんこうそくてつどう》』などが開業《かいぎょう》しているんだよ。

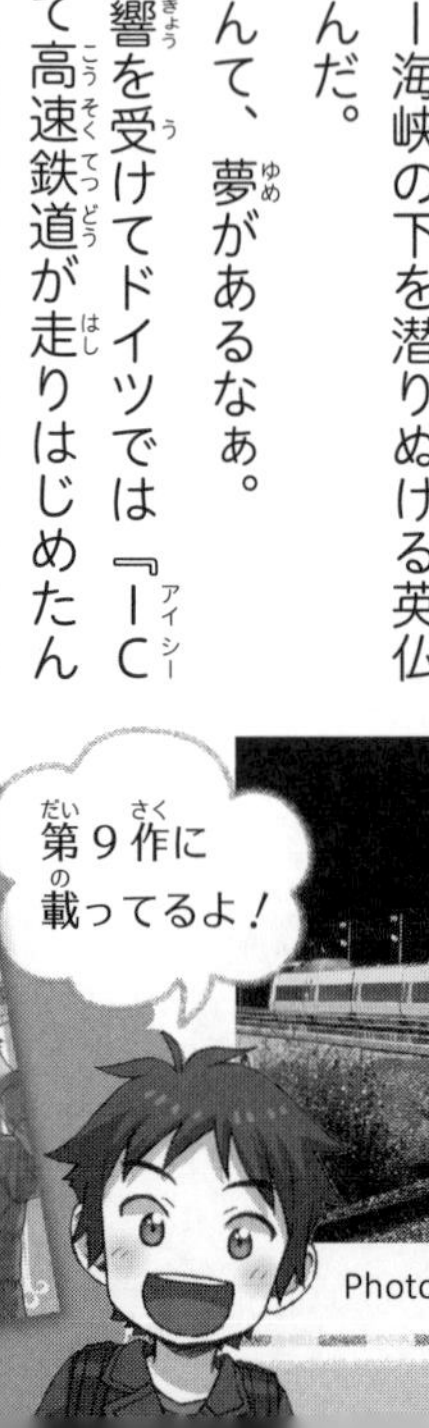

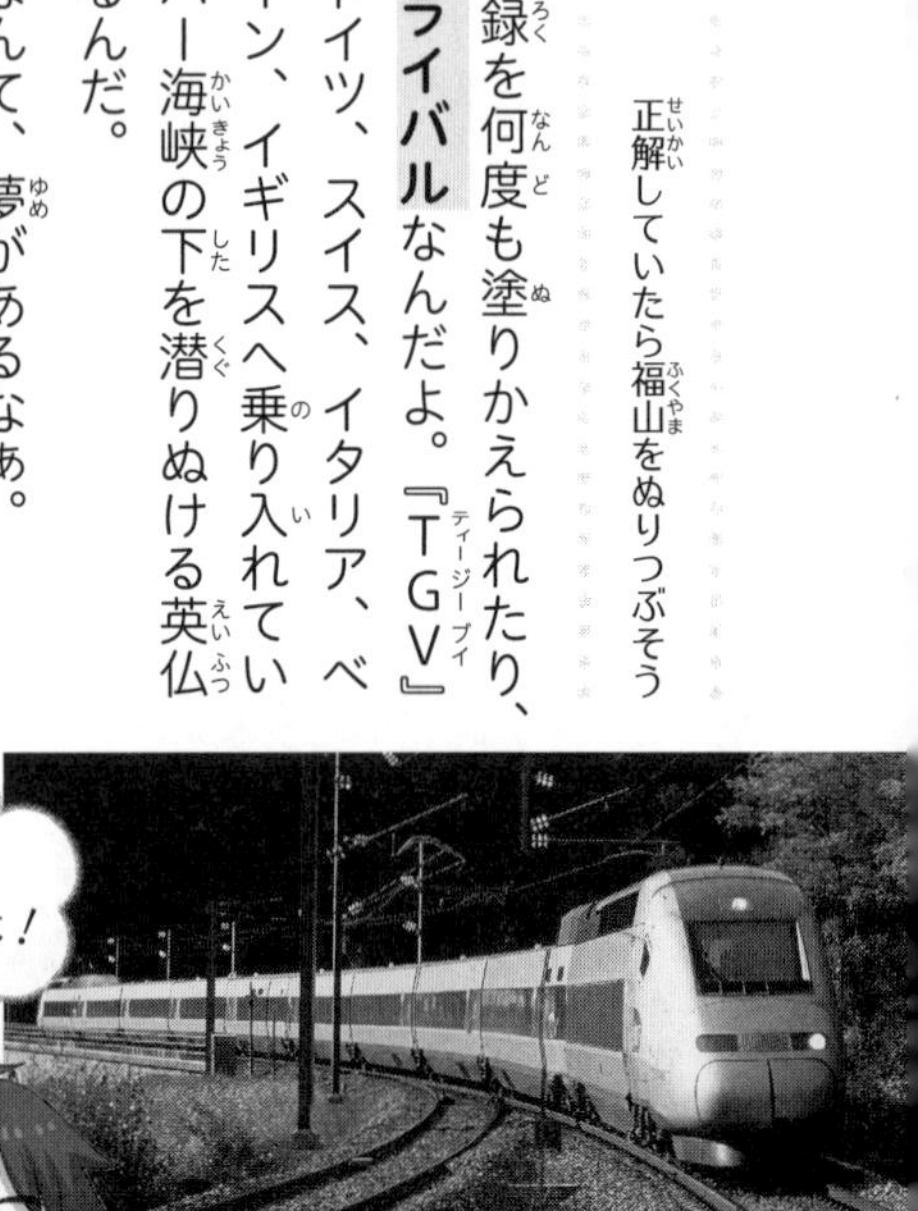

Photo ©高橋彰《たかはしあきら》（RGG）

初級
しょきゅう
18

『Max《マックス》』と呼《よ》ばれる、E《イー》4系新幹線《けいしんかんせん》の特徴《とくちょう》はなんでしょう？

① 足湯《あしゆ》がある

② グランクラスがある

③ 二階建《かいだ》て

④ 食堂車《しょくどうしゃ》つき

Hint!

こういう新幹線《しんかんせん》はＪＲ東《ジェイアールひがし》日本《にほん》にしかないの？

そうです。ＪＲ西日本《ジェイアールにしにほん》、ＪＲ九州《ジェイアールきゅうしゅう》などの、他《ほか》のＪ《ジェイ》Ｒ《アール》では、こういった特徴《とくちょう》の新幹線《しんかんせん》は走《はし》ってないんですよ

へぇ～。なんでそんな特《とく》徴《ちょう》を付《つ》けたのかなぁ？

昔《むかし》は東海道新幹線《とうかいどうしんかんせん》にも、そういう特徴《とくちょう》の車両《しゃりょう》はあったそうですよ

③ 二階建《かいだ》て

正解《せいかい》していたら新尾道《しんおのみち》をぬりつぶそう

現在《げんざい》『Max《マックス》』が使用《しよう》されているのは、『とき』と『たにがわ』だけで、上越新幹線《じょうえつしんかんせん》以外《いがい》の路線《ろせん》では見《み》ることはできません。Max《マックス》というのは、Multi Amenity eXpress《マルチアメニティエクスプレス》の略《りゃく》です。

そっ、そうなの？　あっははは（全然《ぜんぜん》わかんないや……）。

ちなみに食堂車《しょくどうしゃ》は、昔《むかし》の東海道《とうかいどう》・山陽新幹線《さんようしんかんせん》にはあったのですが、今《いま》ではすべて廃止《はいし》になってしまいました。グランクラスは、グリーン車《しゃ》を越《こ》える豪華《ごうか》シートを備《そな》える車両《しゃりょう》で、東北新幹線《とうほくしんかんせん》のE《イー》5系《けい》、北陸新幹線《ほくりくしんかんせん》のE《イー》7／W《ダブリュー》7系《けい》に連結《れんけつ》されています。

そっか～。でも、さすがに新幹線《しんかんせん》に「足湯《あしゆ》」はないよね？

先《さき》ほどの問題《もんだい》にありましたよ。福島《ふくしま》から山形《やまがた》・新庄《しんじょう》へ向《む》かうE《イー》3系《けい》新幹線《しんかんせん》を改造《かいぞう》したジョイフルトレイン『とれいゆ つばさ』の車内《しゃない》には、足湯《あしゆ》やバーカウンターがあるんですよ。

Photo ◯小林大樹《こばやしだいき》（RGG）

初級
しょきゅう
19

険《けわ》しい山《やま》などの急《きゅう》こう配《ばい》を登《のぼ》り降《お》りする、斜《なな》めの車体《しゃたい》を使《つか》う鉄道《てつどう》とは？

① ケーブルカー

② ロープウェイ

③ モノレール

④ エレベーター

Hint!

この問題《もんだい》はちょっと簡単《かんたん》やったかな？

これは私《わたし》にもわかるわ

答《こた》えはわかるかもしれへんけど、乗《の》るにはわりと苦労《くろう》するで？

高《たか》い山《やま》でも行《い》かんと走《はし》ってへんからなぁ

せやなぁ。関西《かんさい》やと高野《こうや》山《さん》とか、六甲山《ろっこうさん》とかやな

正解《せいかい》

① ケーブルカー

正解《せいかい》していたら三原《みはら》をぬりつぶそう

主《おも》に山《やま》の急斜面《きゅうしゃめん》に敷《し》かれたレールの上《うえ》を、山頂《さんちょう》から下《お》ろしたケーブルに引《ひ》かれて走《はし》るんや。頂上《ちょうじょう》にケーブルを巻《ま》きつけた機《き》械《かい》があってな。それを回《まわ》すと上《うえ》にあった車両《しゃりょう》は下《した》へ向《む》かって降《お》りて、ふもとにある車両《しゃりょう》は山頂《さんちょう》へ登《のぼ》ってくるっちゅう仕組《しく》みや。

2つの車両《しゃりょう》に付《つ》いているケーブルは、つながってんの？

せや、おかげで軽《かる》い力《ちから》で動《うご》かすことができるんやて。せやから、**ケーブルカーの先頭《せんとう》には乗務員《じょうむいん》さんが乗《の》っとる**けど、あれは運転手《うんてんしゅ》さんやのうて、**車掌《しゃしょう》さん**やねん。

えっ!?　そうなん？

運転手《うんてんしゅ》さんはだいたい山頂《さんちょう》の駅《えき》にある機械室《きかいしつ》におって、ケーブルの巻《ま》き取《と》りを操作《そうさ》してんねん。車両《しゃりょう》に乗《の》っている車掌《しゃしょう》さんが、車両《しゃりょう》の安全《あんぜん》を確認《かくにん》したり、ドアを開《あ》け閉《し》めすんねんて。

高尾登山電鉄《たかおとざんでんてつ》のケーブルカー　Photo ○荒川好夫《あらかわよしお》（RGG）

初級
しょきゅう
20

日本《にほん》で初《はじ》めて走《はし》った地下鉄《ちかてつ》の、車両《しゃりょう》の色《いろ》は何色《なにいろ》だったでしょう？

① 青色《あおいろ》

② 黄色《きいろ》

③ 銀色《ぎんいろ》

④ 赤色《あかいろ》

Hint!

最初《さいしょ》の地下鉄《ちかてつ》って？

もともと短《みじか》い区間《くかん》で走《はし》ってたけど、延長《えんちょう》したり、別《べつ》の路線《ろせん》とつながって、今《いま》の東京《とうきょう》メトロ銀座線《ぎんざせん》になったんだって

そうなんだ～。あれっ？　銀座線《ぎんざせん》ってことは、最近《さいきん》走《はし》ってるあの車両《しゃりょう》の色《いろ》かな？

そう、あれだよ！

正解《せいかい》

正解《せいかい》していたら東広島《ひがしひろしま》をぬりつぶそう

② 黄色《きいろ》

地下鉄《ちかてつ》で最初《さいしょ》に使用《しよう》された電車《でんしゃ》は『東京地下鉄道《とうきょうちかてつどう》1000形車《がたしゃ》両《りょう》』。地下鉄開業《ちかてつかいぎょう》に合《あ》わせて製造《せいぞう》された、日本《にほん》で初《はじ》めての地下《ちか》鉄専用電車《てつせんようでんしゃ》なんだよ。車体色《しゃたいしょく》は真《ま》っ黄色《きいろ》にぬられていたの。

今《いま》、新《あたら》しく走《はし》ってる車両《しゃりょう》も真《ま》っ黄色《きいろ》だけど、あんな感《かん》じだったのかな？

するどい！　あれは、1000形《がた》をモチーフにして作《つく》られた1000系車両《けいしゃりょう》なんだよ。当時《とうじ》の1000形車両《がたしゃりょう》の1号車《ごうしゃ》は、東京《とうきょう》メトロ東西線《とうざいせん》・葛西駅高架下《かさいえきこうかした》にある『地下鉄博物館《ちかてつはくぶつかん》』で屋《おく》内保存《ないほぞん》されていて、車内《しゃない》も見学《けんがく》できるようになっているんだよ。

へぇ〜。東京《とうきょう》メトロにも博物館《はくぶつかん》があるのね。

ここへ行《い》くと「どうやって地下鉄《ちかてつ》を作《つく》るのか」なんてことも勉《べん》強《きょう》できるし、保存《ほぞん》されているめずらしい車両《しゃりょう》も見《み》られるのよ。

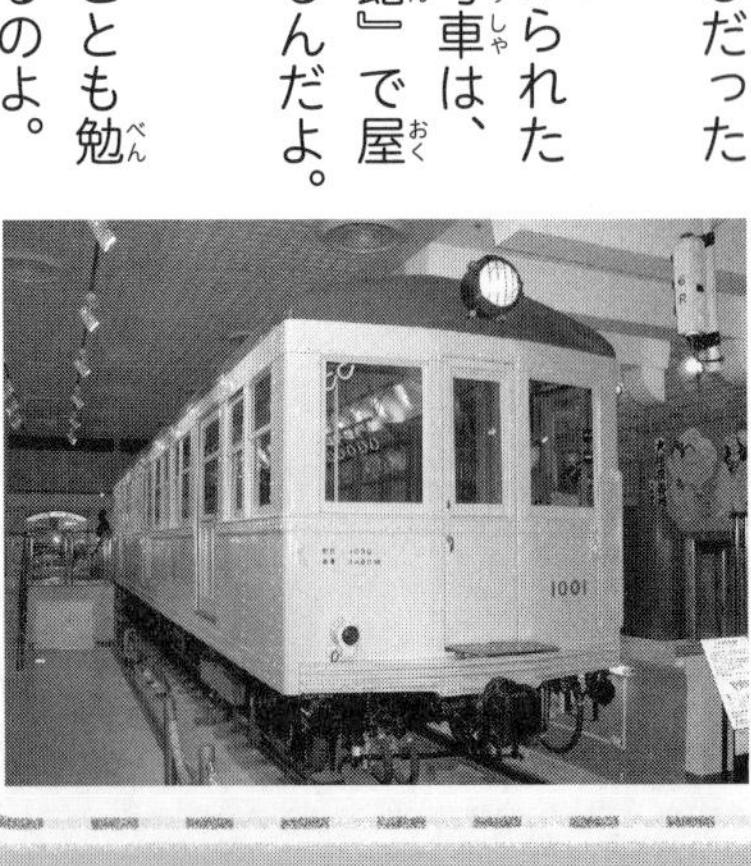

一番最初《いちばんさいしょ》の銀座線車両《ぎんざせんしゃりょう》
Photo ○東京《とうきょう》メトロ

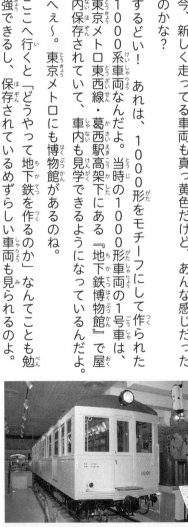

初級
しょきゅう
21

沖縄県《おきなわけん》を走《はし》っているモノレールの愛称《あいしょう》はなんでしょう？

① ゆいレール

② うみんちゅレール

③ なんくるレール

④ ウチナーレール

Hint!

沖縄県《おきなわけん》にある鉄道《てつどう》はこれだけなんですよね

そうだね。沖縄県《おきなわけん》は日本《にほん》で最《もっと》も駅《えき》の少《すく》ない県《けん》だよ。15 駅《えき》しかなくて、ダントツの 47 位《い》なんだ

46 位《い》の山梨県《やまなしけん》でも七十数駅《ななじゅうすうえき》はあるのに、びっくりですね！

正解《せいかい》 ① ゆいレール

正解《せいかい》していたら新岩国《しんいわくに》をぬりつぶそう

本当《ほんとう》の名前《なまえ》は『沖縄都市《おきなわとし》モノレール線《せん》』。2003（平成《へいせい》15）年《ねん》に開業《かいぎょう》した鉄道会社《てつどうがいしゃ》で、那覇空港《なはくうこう》～首里《しゅり》間《かん》の約《やく》13㎞《キロメートル》を走《はし》るモノレール路線《ろせん》だ。軌道《きどう》にまたがる跨座式《こざしき》のモノレールだよ。

『ゆいレール』という愛称《あいしょう》は沖縄《おきなわ》の方言《ほうげん》の「ゆいまーる（助《たす》け合《あ》い）」からきたみたいですね。地元《じもと》の気持《きも》ちがこもったような、いい名前《なまえ》ですね。

ゆいレールはとても小《ちい》さな鉄道《てつどう》だけど、駅《えき》に関《かん》する日本一《にほんいち》を2つも持《も》っているよ。1つめは日本最西端《にほんさいせいたん》の駅《えき》、那覇空港《なはくうこう》。2つめは、その次《つぎ》の赤嶺《あかみね》で、日本最南端《にほんさいなんたん》の駅《えき》なんだ。

すごおおい！　15駅《えき》のうち、2つが日本一《にほんいち》なんて！

ちなみにゆいレールは路線《ろせん》を延長《えんちょう》する予定《よてい》があって、あと4つは駅《えき》が増《ふ》えるようだね。

最南端《さいなんたん》の赤嶺駅《あかみねえき》とゆいれーる
Photo ○
小林大樹《こばやしだいき》（RGG）

初級
しょきゅう
22

2015年《ねん》7月《がつ》の時点《じてん》で、北陸新幹線《ほくりくしんかんせん》の終点《しゅうてん》の駅《えき》はどこでしょう？

① 石川《いしかわ》

② 金沢《かなざわ》

③ 北陸《ほくりく》

④ 富山《とやま》

Hint!

この前《まえ》、東北新幹線《とうほくしんかんせん》が「新青森《しんあおもり》へ到達《とうたつ》」って騒《さわ》いでたのに、今度《こんど》は北陸新幹線《ほくりくしんかん》幹線《せん》が開業《かいぎょう》やなんて……

新幹線建設《しんかんせんけんせつ》は、急《きゅう》ピッチで進《すす》められているんだよ

こんなんやったら、そのうち日本中新幹線《にほんじゅうしんかんせん》で行《い》けるようになるんちゃう？

そうなるかもしれないね

正解《せいかい》

② 金沢《かなざわ》

正解《せいかい》していたら徳山《とくやま》をぬりつぶそう

2015（平成《へいせい》27）年《ねん》3月《がつ》14日《か》。ついに長野《ながの》から先《さき》の区《く》間《かん》が開業《かいぎょう》し、東京《とうきょう》～金沢間《かなざわかん》が、2時間半程度《じかんはんていど》で結《むす》ばれるようになったんだ。同時《どうじ》に途中駅《とちゅうえき》である飯山《いいやま》、上越妙高《じょうえつみょうこう》、糸魚川《いといがわ》、黒部宇奈月温泉《くろべうなづきおんせん》、富山《とやま》、新高岡《しんたかおか》も開業《かいぎょう》して、北《ほく》陸観光《りくかんこう》がとてもしやすくなったね。

うちらのいる関西《かんさい》には、まったく関係《かんけい》ないねんけどなぁ。

そうでもないよ。いずれ**金沢《かなざわ》から福井《ふくい》を越《こ》えて敦賀《つるが》まで延長《えんちょう》**される予定《よてい》だから、そうなると関西《かんさい》も北陸《ほくりく》にぐっと近《ちか》くなるよ。さらに、関西《かんさい》へ向《む》けては車輪《しゃりん》の幅《はば》を瞬時《しゅんじ》に変更《へんこう》して、新幹線軌道《しんかんせんきどう》も在来線軌道《ざいらいせんきどう》も走《はし》れる新幹線《しんかんせん》を、新大阪《しんおおさか》～敦賀間《つるがかん》で使用《しよう》する予定《よてい》なんだよ。

へぇ～、ほんまに日本中新幹線《にほんじゅうしんかんせん》で行《い》けそうやわぁ。

初級
しょきゅう
23

関西《かんさい》の電車《でんしゃ》のシートに多《おお》い特徴《とくちょう》はなんでしょう？

① 進行方向《しんこうほうこう》を向《む》いている

② テーブルが付《つ》いている

③ 各席《かくせき》にコンセントがある

④ シートがプラスチック

Hint!

東京《とうきょう》のほんまもんのお嬢《じょう》様《さま》の七海《ななみ》ちゃんは、なんでも東京《とうきょう》のほうがええと思《おも》てるんちゃうか？

そんなことないよぉ～

電車《でんしゃ》のシートは関西《かんさい》のほうがええねんで！　関西《かんさい》はＪＲ《ジェイアール》と各私鉄《かくしてつ》が近《ちか》い場《ば》所《しょ》を走《はし》っとるから、サービス合戦《がっせん》になるねん

正解《せいかい》

① 進行方向《しんこうほうこう》を向《む》いている

正解《せいかい》していたら新山口《しんやまぐち》をぬりつぶそう

関西《かんさい》では鉄道《てつどう》ができはじめた頃《ころ》から、神戸《こうべ》～大阪《おおさか》～京都間《きょうとかん》や、大阪《おおさか》～奈良《なら》～名古屋間《なごやかん》など、国鉄《こくてつ》と私鉄各社《してつかくしゃ》が同《おな》じようなところを走《はし》っとったから、お客《きゃく》さんの取《と》り合《あ》いになってもうてん。せやから、普通《ふつう》なら、ラッシュアワーのことを考《かんが》えて人《ひと》がぎょーさん乗《の》れるようになるロングシートを設置《せっち》するところ、乗《の》り心地《ごこち》を優先《ゆうせん》して進行方向《しんこうほうこう》を向《む》けられるように**クロスシートを設置《せっち》**している車両《しゃりょう》が、関東《かんとう》に比《くら》べて圧倒的《あっとうてき》に多《おお》いんや。

そっか～、東京《とうきょう》の列車《れっしゃ》はほぼロングシートだもんねぇ。関東《かんとう》でシートが前《まえ》に向《む》いているのは、小田急電鉄《おだきゅうでんてつ》の『ロマンスカー』や、京成電鉄《けいせいでんてつ》の『スカイライナー』なんかの特急電車《とっきゅうでんしゃ》だもんね。

フフフ。まぁ、それ以外《いがい》にも関西《かんさい》はサービス満点《まんてん》なんよ。阪急《はんきゅう》や京阪《けいはん》は、特急列車《とっきゅうれっしゃ》でも追加料金《ついかりょうきん》は取《と》らへんねんから。

クロスシートが設置《せっち》された車両《しゃりょう》

Photo ◯ 諸河久《もろかわひさし》（RGG）

初級
しょきゅう
24

鉄道《てつどう》の線路《せんろ》や架線《かせん》をチェックしたり、直《なお》したりする仕事《しごと》はどれ？

① 運転《うんてん》

② 営業《えいぎょう》

③ 保線《ほせん》

④ 広告《こうこく》

Hint!

線路《せんろ》を守《まも》ってくださっているみなさんですね！

そうだね。鉄道《てつどう》の仕事《しごと》と聞《き》くと、運転手《うんてんしゅ》さんや駅員《えきいん》さんが思《おも》い浮《う》かぶけど、毎日安全《まいにちあんぜん》に運行《うんこう》できるのはこういった人《ひと》たちのおかげでもあるんだ

まさに「縁《えん》の下《した》の力持《ちからも》ち」ってことですね！

正解《せいかい》 ③ 保線《ほせん》

正解《せいかい》していたら厚狭《あさ》をぬりつぶそう

数十《すうじゅっ》トンもある車両《しゃりょう》が走《はし》ると、レールに大《おお》きな力《ちから》がかかる。毎日《まいにち》たくさんの列車《れっしゃ》が通《とお》っているから、だんだんとブレが生《しょう》じてくるんだ。だから、保線員《ほせんいん》の人《ひと》たちがレールの幅《はば》や傾《かたむ》きをチェックして、問題《もんだい》があればすぐに工事《こうじ》しているんだ。

どういうふうに、メンテナンスしてるんですか？

試験車《しけんしゃ》などを使《つか》ってレールや架線《かせん》を検査《けんさ》して、レールや枕木《まくらぎ》を交換《こうかん》したり、レールの下《した》の石《いし》を入《い》れ替《か》えたり、踏切《ふみきり》や信号《しんごう》機《き》の整備《せいび》をしたりするんだよ。

でも……、あんなに電車《でんしゃ》が走《はし》っているのに、どうやって、そんな工事《こうじ》をするんですか？

こういった工事《こうじ》は**終電《しゅうでん》が終《お》わってから朝《あさ》まで、徹夜《てつや》**でやることが多《おお》いんだ。

保線用《ほせんよう》の車両《しゃりょう》　Photo ○小笠原未来《おがさわらみらい》（T3）

初級《しょきゅう》

25

線路《せんろ》の下《した》に敷《し》いてある石《いし》のことをなんというでしょう？

① トロッコ

② バラスト

③ ダンパー

④ ホッパー

Hint!

レールの下《した》に石《いし》〜〜？
そんなんあったかぁ？

新幹線《しんかんせん》なんかは石《いし》がない路線《ろせん》も多《おお》くなってきてるけど、私鉄《してつ》やったら、だいたいあるで

そんなん気《き》にして見《み》たことないわ

重要《じゅうよう》な石《いし》やから、ちゃんと、見《み》てやらんと！

正解《せいかい》

② バラスト

正解《せいかい》していたら新下関《しんしものせき》をぬりつぶそう

萌《もえ》ちゃん。この小《ちい》さな石《いし》が実《じつ》は大《おお》きな仕事《しごと》をしとんねんで。レールの下《した》にバラストを敷《し》くと、車両《しゃりょう》の重量《じゅうりょう》が分散《ぶんさん》して地面《じめん》に伝《つた》わるし、すべり止《ど》めにもなる。枕木《まくらぎ》だけを置《お》くよりズレにくくなるんや。それに、車両《しゃりょう》の振動《しんどう》も吸収《きゅうしゅう》してくれるから、乗《の》り心地《ごこち》も良《よ》くなるねん。

へぇ～、そんなええことがあるんや。

それに雨《あめ》が降《ふ》っても線路《せんろ》に雨水《あまみず》がたまらんようになるし、石《いし》でおおわれた場所《ばしょ》は雑草《ざっそう》も生《は》えにくくなる。

へぇ～。線路《せんろ》にまかれているちっさくて地味《じみ》ーな石《いし》にそんな効果《こうか》があるんや。まるで上田《うえだ》みたいやな。

誰《だれ》が、ちっさくて地味《じみ》やねん！　俺《おれ》は主役《しゅやく》やっちゅうねん！

Photo ◯小笠原未来《おがさわらみらい》（T3）

初級
しょきゅう
26

東京《とうきょう》から金沢《かなざわ》へ向《む》かう北陸新幹線《ほくりくしんかんせん》で、停車駅《ていしゃえき》が一番《ばん》少《すく》ない列車名《れっしゃめい》はどれ？

① かがやき

② つるぎ

③ はくたか

④ あさま

Hint!

北陸新幹線開通《ほくりくしんかんせんかいつう》は大盛《おおも》り上《あ》がりやったけど、新幹《しんかん》線《せん》の名前《なまえ》まではよく聞《き》いてなかったなぁ

でしょ？　割合《わりあい》、テレビでも停車駅《ていしゃえき》は細《こま》かく教《おし》えてくれなかったんだ

……そりゃ、普通《ふつう》のお客《きゃく》さんは興味《きょうみ》ないやろ～

そんなことないよ～っ！

① かがやき

正解《せいかい》していたら新鳥栖《しんとす》をぬりつぶそう

一番《ばん》停《てい》車駅《しゃえき》が少《すく》ないのが『かがやき』で、『はくたか』は、もう少《すこ》し停車駅《ていしゃえき》が多《おお》い。そして、金沢《かなざわ》〜富山間《とやまかん》を各駅停車《かくえきていしゃ》で走《はし》るのが『つるぎ』なんだ。

『あさま』は、今《いま》まで通《どお》り東京《とうきょう》〜長野間《ながのかん》を走《はし》る新幹線《しんかんせん》やな。

せやけど、どうして、新幹線《しんかんせん》の名前《なまえ》をお米《こめ》から取《と》ったんや？

『かがやき』はお米《こめ》の名前《なまえ》じゃないよっ！　これは1988（昭和《しょうわ》63）年《ねん》、上越新幹線《じょうえつしんかんせん》への接続列車《せつぞくれっしゃ》として金沢《かなざわ》から長岡《ながおか》まで走《はし》っていた特急電車《とっきゅうでんしゃ》の名前《なまえ》だったんだ。そして北陸新幹線《ほくりくしんかんせん》の名前募集《なまえぼしゅう》でも堂々《どうどう》の5位《い》だったんだからねっ。ちなみに北陸《ほくりく》から東海道新幹線《とうかいどうしんかんせん》へ接続《せつぞく》する特急《とっきゅう》に、『きらめき』っていう列車《れっしゃ》もあったんだよ。

なんや、北陸《ほくりく》の特急列車《とっきゅうれっしゃ》はキラキラまぶしいのが多《おお》いなぁ。

Photo ○荒川好夫《あらかわよしお》（RGG）

初級
しょきゅう
27

日本《にほん》で最初《さいしょ》に鉄道《てつどう》が通《とお》ったのは、どこからどこまで？

① 東京《とうきょう》～品川《しながわ》

② 新宿《しんじゅく》～渋谷《しぶや》

③ 大阪《おおさか》～京都《きょうと》

④ 新橋《しんばし》～横浜《よこはま》

Hint!

何事《なにごと》にも最初《さいしょ》がある。鉄道《てつどう》ファンとしては、これは知《し》っとかなあかん

そっ、そう……（歴史《れきし》とか苦手《にがて》なのよねぇ）。そもそも、日本《にほん》で鉄道《てつどう》が走《はし》りだしたのは、いつなの？

1872（明治《めいじ》5）年《ねん》や

ペリーとか坂本竜馬《さかもとりょうま》とかの時代《じだい》ってこと……!?

正解《せいかい》していたら久留米《くるめ》をぬりつぶそう

④ 新橋《しんばし》～横浜《よこはま》

へぇ～。横浜《よこはま》はわかるけど、新橋《しんばし》ってまた中途半端《ちゅうとはんぱ》なところから始《はじ》めたのね。どうせなら東京《とうきょう》から敷《し》けばよかったのに……。

その頃《ころ》は、今《いま》の東京駅周辺《とうきょうえきしゅうへん》にはなんもなくて、草《くさ》ぼうぼうの原《はら》っぱやったそうや。でも、新橋《しんばし》はかなり栄《さか》えとったらしいで。工事《こうじ》の開始《かいし》は1869（明治《めいじ》3）年《ねん》、最初《さいしょ》の列車《れっしゃ》が走《はし》ったのは1872（明治《めいじ》5）年《ねん》10月《がつ》14日《か》で（今《いま》の暦《こよみ》で）、その日《ひ》が今《いま》は『鉄道《てつどう》の日《ひ》』って記念日《きねんび》になっとる。

当時《とうじ》は歩《ある》きか馬《うま》しかなかったんだから、みんな驚《おどろ》いたろうね。

みんな最初《さいしょ》は鉄道《てつどう》を怖《こわ》がってしまって、反対運動《はんたいうんどう》がかなりあったらしいわ。線路《せんろ》を町中《まちなか》には敷《し》かせてもらえず、全長約《ぜんちょうやく》30㎞《キロメートル》の路線中《ろせんちゅう》、海《うみ》の中《なか》の堤防上《ていぼうじょう》を走《はし》る区間《くかん》が10㎞《キロメートル》あったそうや。今《いま》なら「うちの町《まち》に駅《えき》を!!」って取《と》り合《あ》いにもなるのになあ。

初級
しょきゅう
28

東海道新幹線《とうかいどうしんかんせん》は2014年《ねん》10月1日《がつついたち》で、何周年《なんしゅうねん》をむかえたでしょう？

① 25周年《しゅうねん》

② 50周年《しゅうねん》

③ 75周年《しゅうねん》

④ 100周年《しゅうねん》

Hint!

新幹線《しんかんせん》が走《はし》りだしたのっていつ頃《ごろ》なの？

東京《とうきょう》～新大阪間《しんおおさかかん》が開通《かいつう》した年《とし》に、東京《とうきょう》オリンピックが開催《かいさい》されました

……ピンとこないね

同年《どうねん》に日本武道館《にっぽんぶどうかん》と富士山《ふじさん》レーダー完成《かんせい》。地下鉄《ちかてつ》日比谷線《ひびやせん》が全面開通《ぜんめんかいつう》していますよ

ママに聞《き》こうかな？

② 50周年《しゅうねん》

正解《せいかい》していたら筑後船小屋《ちくごふなごや》をぬりつぶそう

東海道新幹線《とうかいどうしんかんせん》が開業《かいぎょう》したのは1964（昭和《しょうわ》39）年《ねん》10月1日《がつついたち》。この年《とし》の10月《がつ》10日《か》から東京《とうきょう》オリンピックの開幕《かいまく》が予定《よてい》されていましたから、東海道新幹線《とうかいどうしんかんせん》はなんとしてもそれまでに開業《かいぎょう》しなくてはいけなかったそうです。

うわぁ〜9日前《かまえ》に開業《かいぎょう》って、本当《ほんとう》にギリギリだったんだね！

開業当初《かいぎょうとうしょ》は0系《ゼロけい》新幹線《しんかんせん》12両《りょう》で運転《うんてん》され、東京《とうきょう》〜新大阪間《しんおおさかかん》は12駅《えき》しかありませんでした。開業日当日《かいぎょうびとうじつ》に、新大阪発《しんおおさかはつ》の初《はつ》の列車《れっしゃ》、上《のぼ》りの「ひかり2号《ごう》」は、時速《じそく》200㎞《キロメートル》運転《うんてん》を期待《きたい》するお客《きゃく》さんからの要望《ようぼう》に応《こた》えて走《はし》ったところ、新横浜駅《しんよこはまえき》を5分《ふん》も早《はや》く通《とお》り過《す》ぎてしまいました。そして、東京駅手前《とうきょうえきてまえ》では時間調整《じかんちょうせい》のためにすっごくノロノロ走《はし》るはめになったとか……。

のどかな話《はなし》ね。きっと、昔《むかし》はダイヤに余裕《よゆう》があったのね。

Photo ○荒川好夫《あらかわよしお》（RGG）

初級《しょきゅう》
29

日本初《にほんはつ》の磁気浮上式鉄道《じきふじょうしきてつどう》（リニアモーターカー）が走《はし》っているのは何県《なにけん》？

① 山梨県《やまなしけん》

② 宮崎県《みやざきけん》

③ 奈良県《ならけん》

④ 愛知県《あいちけん》

Hint!

えっ!?
リニアモーターカーって、
もう乗《の》れると？

うん。東京《とうきょう》～名古屋《なごや》間《かん》に建設中《けんせつちゅう》のリニア中央新幹線《ちゅうおうしんかんせん》は知《し》っていると思《おも》うけど、それとは別《べつ》に、もう乗《の》れるリニアがあるんだ

すごぉぉい！　もう身近《みぢか》な乗《の》りものなんだ！

正解《せいかい》

正解《せいかい》していたら新大牟田《しんおおむた》をぬりつぶそう

④ 愛知県《あいちけん》

愛知高速交通《あいちこうそくこうつう》の『リニモ（Linimo）』って愛称《あいしょう》で呼《よ》ばれている車両《しゃりょう》は、**日本初《にほんはつ》の磁気浮上式鉄道《じきふじょうしきてつどう》**（リニアモーターカー）だよ。藤《ふじ》が丘《おか》〜八草《やくさ》間《かん》の全長《ぜんちょう》8.9㎞《キロメートル》の軌道上《きどうじょう》を少《すこ》し浮《う》きながら走《はし》っていくんだ。

へぇ〜じゃあ、車体《しゃたい》の下《した》に車輪《しゃりん》やレールはないんだ？

うん。車体《しゃたい》と軌道上《きどうじょう》に並《なら》んだ電磁石《でんじしゃく》をうまく切《き》り替《か》えながら走行《そうこう》するんだ。軌道《きどう》と車体《しゃたい》はまったく当《あ》たらないから、騒音《そうおん》や振動《しんどう》が小《ちい》さくて、スウゥってすべるように走《はし》っていく感《かん》じだね。

リニアモーターカーだから、ものすごく速《はや》く走《はし》るのかな？

時速《じそく》500㎞《キロメートル》のリニア中央新幹線《ちゅうおうしんかんせん》（超電導《ちょうでんどう》リニア）とは別《べつ》の形式《けいしき》なんだ。リニモは通勤通学《つうきんつうがく》の足《あし》としてゆっくりと走《はし》っていて、ほとんどの区間《くかん》を無人《むじん》で走《はし》る自動運転《じどううんてん》なんだよ！

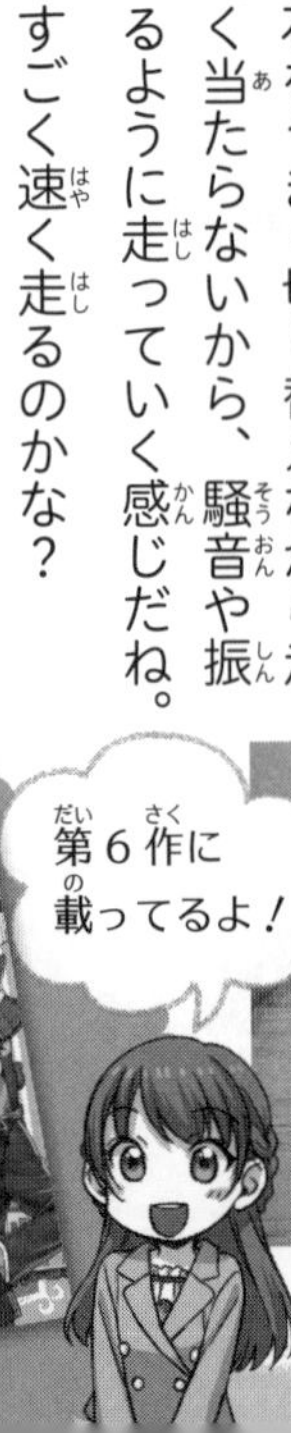

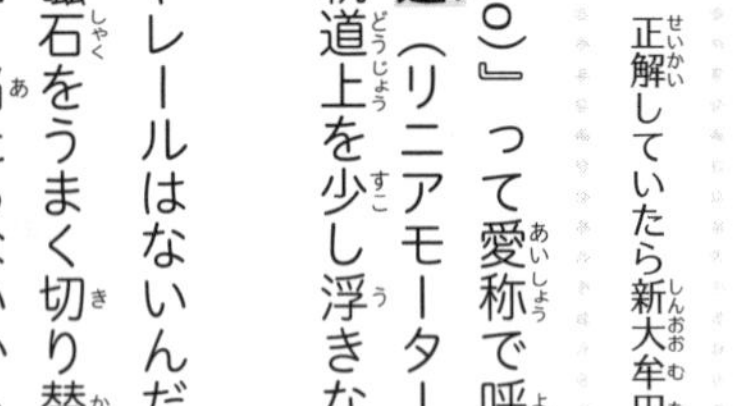

Photo ○米村博行《よねむらひろゆき》（RGG）

初級《しょきゅう》
30

走行中《そうこうちゅう》の超電導《ちょうでんどう》リニアを見《み》られる『リニア見学《けんがく》センター』は、何県《なにけん》にある？

① 神奈川県《かながわけん》

② 山梨県《やまなしけん》

③ 長野県《ながのけん》

④ 愛知県《あいちけん》

Hint!

走《はし》っているのを見《み》られるなんて、すごいね

この場所《ばしょ》で超電導《ちょうでんどう》リニアの実験《じっけん》をしているんですよ。開業《かいぎょう》は、2027年《ねん》の予定《よてい》で、まずは品川《しながわ》～名《な》古屋間《ごやかん》です

そっか～、私《わたし》たちが20代《だい》になる頃《ころ》には、名古屋《なごや》へ行《い》くのはリニア中央新《ちゅうおうしん》幹線《かんせん》になっているのねぇ

正解《せいかい》 ② 山梨県《やまなしけん》

正解《せいかい》していたら新玉名《しんたまな》をぬりつぶそう

山梨県立《やまなしけんりつ》リニア見学《けんがく》センターへ行《い》って、タイミングが良《よ》ければ、光《ひかり》のように駆《か》け抜《ぬ》けていく試験走行《しけんそうこう》の車体《しゃたい》が見《み》られます。なぜ山梨県《やまなしけん》にあるかというと、**リニア中央新幹線《ちゅうおうしんかんせん》の駅《えき》**は、東《とう》京都《きょうと》の**品川《しながわ》**、神奈川県《かながわけん》の**橋本《はしもと》**、山梨県《やまなしけん》の**甲府《こうふ》**に作《つく》られることが決定《けってい》しています。そこで、もともと山梨県《やまなしけん》で「実験線《じっけんせん》」として造《つく》った軌道《きどう》を利用《りよう》して、まずは甲府《こうふ》～橋本《はしもと》までを建設《けんせつ》し、2020年頃《ねんごろ》の「先行部分開業《せんこうぶぶんかいぎょう》」を検討《けんとう》しているんです。

にっ、2020年《ねん》!? そんなのすぐやなかと!? そうかぁ、もう、そんな未来《みらい》が近《ちか》づいてきているのねぇ。

そうですね。5年後《ねんご》にはリニア中央新幹線《ちゅうおうしんかんせん》に乗《の》れそうです。超《ちょう》電導《でんどう》リニアはもう夢《ゆめ》の乗《の》りものではなく、実現直前《じつげんちょくぜん》のものなんです!

初級
しょきゅう
31

蒸気《じょうき》、電気《でんき》、ディーゼルなどの力《ちから》で、客車《きゃくしゃ》などを引《ひ》っ張《ぱ》る車両《しゃりょう》はどれ？

① 客車《きゃくしゃ》

② 機関車《きかんしゃ》

③ 気動車《きどうしゃ》

④ 貨物車《かもつしゃ》

Hint!

寝台列車《しんだいれっしゃ》や貨物列車《かもつれっしゃ》の先頭《せんとう》によくいるよね！

これが先頭《せんとう》やと、特別《とくべつ》な感《かん》じせぇへん？

するね！　最近《さいきん》は寝台列車《しんだいれっしゃ》も、これで引《ひ》っ張《ぱ》ることが少《すく》なくなってきているしね

車両基地《しゃりょうきち》へ行《い》くと、よく見《み》ることができるんやで

正解《せいかい》

正解《せいかい》していたら熊本《くまもと》をぬりつぶそう

② 機関車《きかんしゃ》

機関車《きかんしゃ》は、**車体内部《しゃたいないぶ》に動力《どうりょく》を積《つ》んでいる車両《しゃりょう》**のこと。動力《どうりょく》を持《も》たない客車《きゃくしゃ》や貨車《かしゃ》を引《ひ》っ張《ぱ》って走《はし》るんだ。だから、機関車《きかんしゃ》には運転関係《うんてんかんけい》の人《ひと》が乗《の》る場所《ばしょ》しかないんだよ。

白《しろ》い煙《けむり》を巻《ま》き上《あ》げて走《はし》るSL《エスエル》（蒸気機関車《じょうききかんしゃ》）が一番《いちばん》わかりやすいわ。

新山口《しんやまぐち》〜津和野間《つわのかん》を走《はし》る『SL《エスエル》やまぐち号《ごう》』の蒸気機関車《じょうききかんしゃ》C《シー》57とか、札幌《さっぽろ》〜青森間《あおもりかん》を走《はし》る寝台急行《しんだいきゅうこう》『はまなす』を引《ひ》っ張《ぱ》るディーゼル機関車《きかんしゃ》DD《ディーディー》51形《がた》、通称《つうしょう》「金太郎《きんたろう》」と呼《よ》ばれる力持《ちからも》ちの貨物用電気機関車《かもつようでんききかんしゃ》EH《イーエイチ》500形《がた》なんてところが有名《ゆうめい》かな。

強《つよ》い力《ちから》で、客車《きゃくしゃ》や貨車《かしゃ》を牽《ひ》く以外《いがい》にも仕事《しごと》があるな！蒸気機関車《じょうききかんしゃ》では客車《きゃくしゃ》を暖房《だんぼう》するための暖《あたた》かいスチームを、電気《でんき》機関車《きかんしゃ》では客車《きゃくしゃ》の電灯《でんとう》やエアコン用《よう》の電気《でんき》も作《つく》っているんだ。

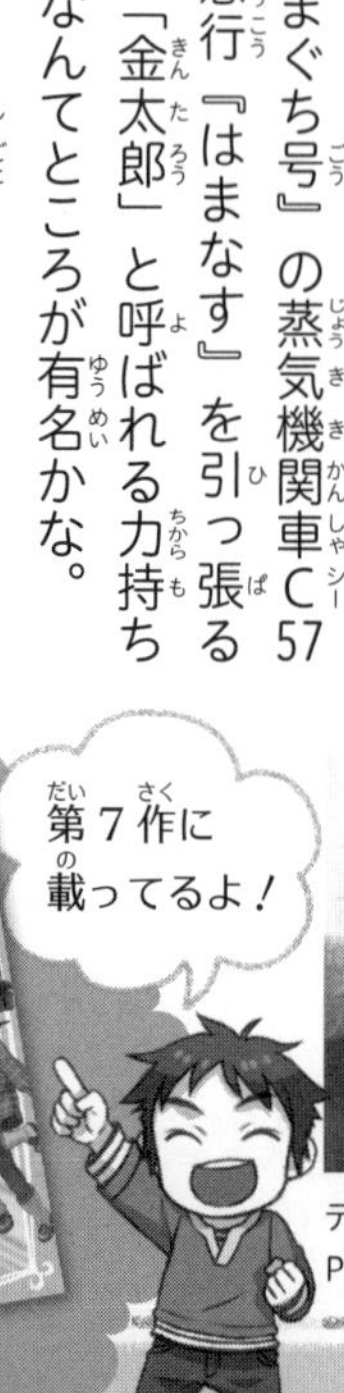

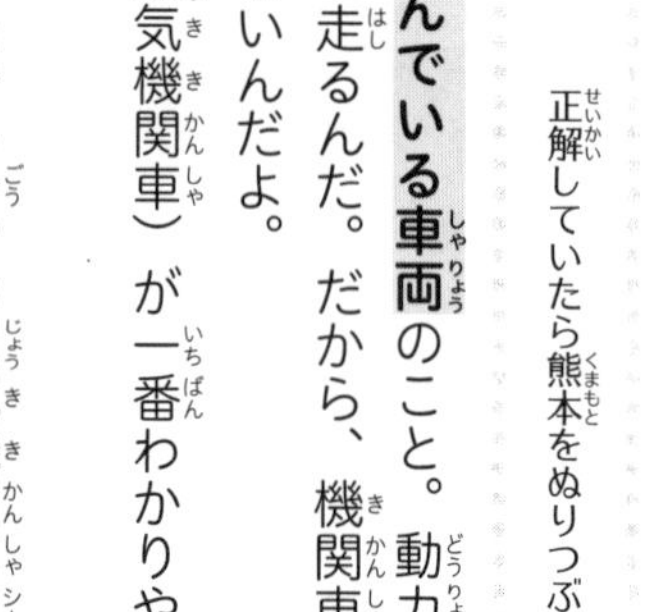

ディーゼル機関車《きかんしゃ》DD《ディーディー》51形《がた》
Photo ©小林大樹《こばやしだいき》（RGG）

初級
しょきゅう
32

電車《でんしゃ》に乗《の》ると聞《き》こえる「ガタンゴトン」という音《おと》の原因《げんいん》は？

① レール間《かん》のつなぎめを車輪《しゃりん》が通《とお》る音《おと》

② 車体《しゃたい》が左右《さゆう》に揺《ゆ》れる時《とき》に出《で》る音《おと》

③ パンタグラフと架線《かせん》が触《ふ》れる音《おと》

② 電車《でんしゃ》のモーター音《おん》

Hint!

電車《でんしゃ》に乗《の》るとよく聞《き》こえてくるなぁ

でも、新幹線《しんかんせん》だとあまり聞《き》こえないような気《き》がするけど……

おぉ、それはええヒントかもしれへんで。簡単《かんたん》に言《い》うたら昔《むかし》より今《いま》のほうが、この音《おと》はしなくなってきてんねん

正解《せいかい》

①レール間《かん》のつなぎめを車輪《しゃりん》が通《とお》る音《おと》

正解《せいかい》していたら新八代《しんやつしろ》をぬりつぶそう

レールは鉄《てつ》でできとるさかい、夏《なつ》みたいに暑《あつ》うなったらちょっと伸《の》びるし、冬《ふゆ》になったら、ちょい縮《ちぢ》こまりよんねん。せやからキッチリとすきまなく並《なら》べて置《お》いたら、レールが伸《の》びた時《とき》にぶつかってもうて、行《い》き場《ば》をなくしてグニャグニャ曲《ま》がってまう。そこで、少《すこ》しだけすきまを作《つく》って設置《せっち》してるちゅうことや。その**「つなぎめ」の上《うえ》を車輪《しゃりん》が通《とお》ると「ガタン」と鳴《な》る。**列《れっ》車《しゃ》の台車《だいしゃ》ちゅうのは、たいてい2輪《りん》ずつで1セットやから、続《つづ》いて「ゴトン」と音《おと》が鳴《な》るわけや。

へええええ！　今《いま》まで気《き》にしていなかった音《おと》の秘密《ひみつ》がわかったわ。

ちなみに、新幹線《しんかんせん》では**ロングレール**っていうて、つなぎ目《め》のめっちゃ少《すく》ないレールを使《つか》うことが多《おお》いから、音《おと》がしなくなってきてるんや。

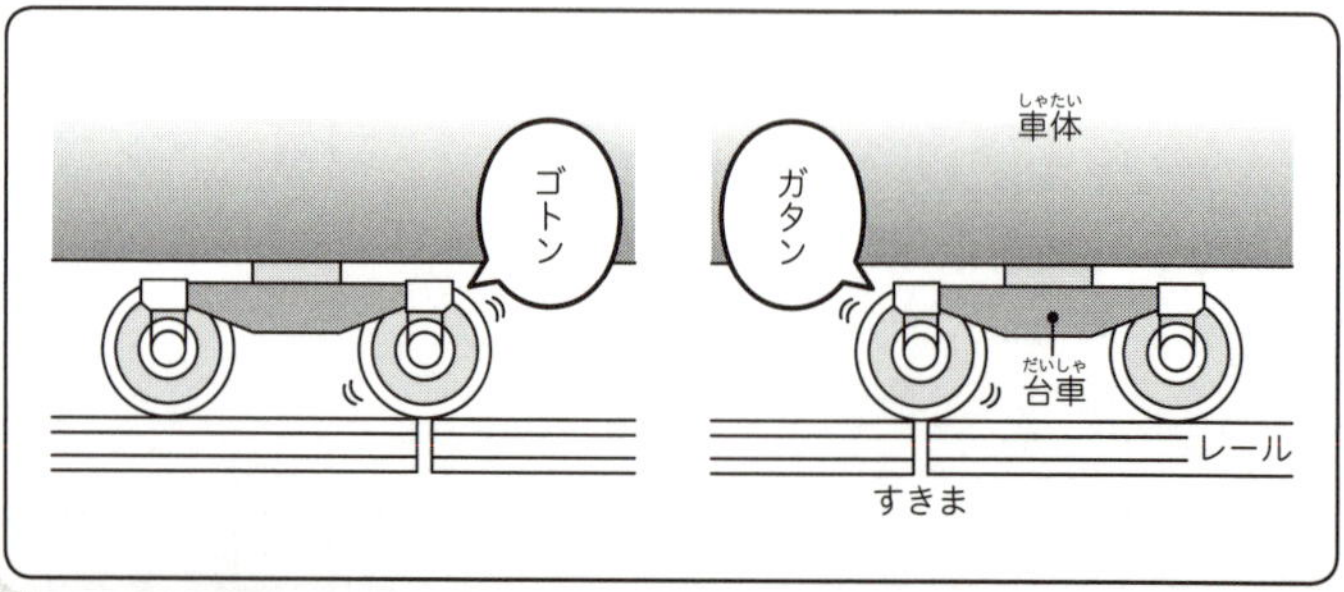

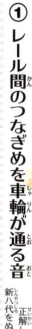

初級
しょきゅう
33

2015年《ねん》3月《がつ》に開業《かいぎょう》した、東京《とうきょう》～上野《うえの》間《かん》を結《むす》ぶJR《ジェイアール》の路線名《ろせんめい》は？

① 上野東京《うえのとうきょう》ライン

② 湘南新宿《しょうなんしんじゅく》ライン

③ パンダライン

④ 赤《あか》レンガライン

Hint!

東京《とうきょう》～上野《うえの》間《かん》って距離《きょり》はそんなに遠《とお》くないよね

約《やく》3.6 km《キロメートル》です。ですが、今《いま》ではこの路線《ろせん》ができたおかげで、高崎線《たかさきせん》や常磐線《じょうばんせん》は東京《とうきょう》まで、東海道本線《とうかいどうほんせん》の列車《れっしゃ》は上野《うえの》まで行《い》けるようになりました

へぇ～そうなんだぁ。短《みじか》くても、すごいんだね

正解《せいかい》していたら新水俣《しんみなまた》をぬりつぶそう

① 上野東京《うえのとうきょう》ライン

この路線《ろせん》が開通《かいつう》したことで、東海道線《とうかいどうせん》と高崎線《たかさきせん》、宇都宮線《うつのみやせん》、常磐線《じょうばんせん》がつながりました。前橋《まえばし》や宇都宮《うつのみや》から乗《の》ったお客《きゃく》さんが、上野《うえの》で乗《の》り換《か》えずに東京駅《とうきょうえき》まで行《い》けます。列車《れっしゃ》によってはそのまま沼津《ぬまづ》へも行《い》くことができるようになったんですよ。

たったの3.6㎞《キロメートル》の路線《ろせん》なのに、すごい革命《かくめい》を起《お》こしたんだね。

しかも上野東京《うえのとうきょう》ラインの開通《かいつう》によって、**静岡県《しずおかけん》の熱海《あたみ》〜栃木《とちぎ》県《けん》の黒磯間《くろいそかん》**の、**約《やく》268㎞《キロメートル》**を走《はし》る列車《れっしゃ》が生《う》まれたそうです。

にっ、268㎞《キロメートル》!? いったい何時間《なんじかん》乗《の》れちゃうのかなぁ?

時刻表《じこくひょう》によると……熱海《あたみ》を18時《じ》51分《ぷん》に出発《しゅっぱつ》した電車《でんしゃ》は、終点《しゅうてん》の黒磯《くろいそ》に23時《じ》39分《ふん》到着予定《とうちゃくよてい》ですので、所要時間《しょようじかん》は4時間《じかん》48分《ぷん》です。

うわぁ〜それはすごいね。

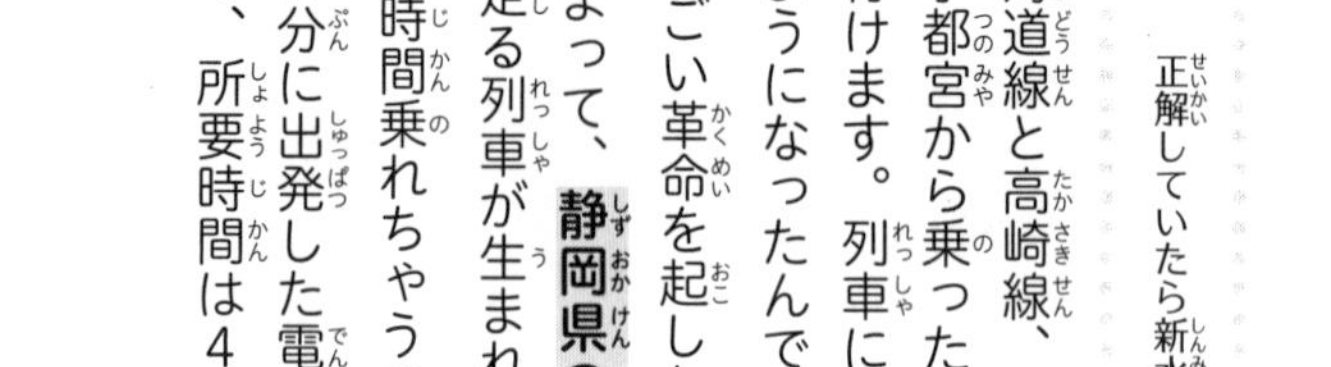

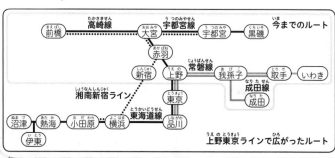

初級《しょきゅう》

34

鉄道《てつどう》会社《がいしゃ》で、鉄道《てつどう》の運行《うんこう》を管理《かんり》している場所《ばしょ》はどこでしょう？

① 列車案内所《れっしゃあんないじょ》

② 運転指令所《うんてんしれいじょ》

③ レールセンター

④ 統合作戦司令部《とうごうさくせんしれいぶ》

Hint!

路線全体《ろせんぜんたい》を監視《かんし》して、電車《でんしゃ》が今《いま》どこにおるかとか、信号《しんごう》とかをまとめて管理《かんり》してるとこがあるんや

へぇ～そうなんや。電車《でんしゃ》を走《はし》らせてるのは運転手《うんてんしゅ》さんだけやないんやな

ここのおかげで、日本《にほん》の鉄道《てつどう》は世界一《せかいいち》時間《じかん》に正確《せいかく》に走《はし》れてるんやで

正解《せいかい》

② 運転指令所《うんてんしれいじょ》

正解《せいかい》していたら出水《いずみ》をぬりつぶそう

運転指令所《うんてんしれいじょ》は運転手《うんてんしゅ》、車掌《しゃしょう》、駅員《えきいん》さんらに、電車《でんしゃ》がうまいこと走《はし》れるように指示《しじ》をする場所《ばしょ》。オーケストラで言《い》うたら指揮者《しきしゃ》、野球《やきゅう》やサッカーで言《い》うたら監督《かんとく》みたいなことをやってんねん。

ここのおかげで、ぎょうさんホームがあって、たくさんの列車《れっしゃ》が走《はし》ってきても混乱《こんらん》せずうまいこと走《はし》ってんねんな。

そういうこっちゃ。運転指令所《うんてんしれいじょ》にはすごいシステムがあって、すべての列車《れっしゃ》を管理《かんり》しとる。ボタン1つでポイントや、信号《しんごう》なんかを切《き》り替《か》えることができんねん。

うわ〜それはすごそうやな〜!! そんなとこ見《み》てみたいなぁ。

残念《ざんねん》ながら無理《むり》や〜。運転指令所《うんてんしれいじょ》は鉄道会社《てつどうがいしゃ》の心臓部《しんぞうぶ》! テロや犯罪《はんざい》の標的《ひょうてき》になるかもしれへん。せやから、警備《けいび》がめっちゃ厳重《げんじゅう》で、場所《ばしょ》も関係者以外《かんけいしゃいがい》にはヒミツになってんねん。

初級
しょきゅう
35

鉄道《てつどう》の時刻表《じこくひょう》を決《き》める、列車《れっしゃ》の運行表《うんこうひょう》のことをなんというでしょう？

① パンタ

② ルビー

③ スクエア

④ ダイヤ

Hint!

私《わたし》たちが時刻表《じこくひょう》で見《み》ている電車《でんしゃ》の発着時刻《はっちゃくじこく》は、この列車運行表《れっしゃうんこうひょう》で決《き》められているんだよね

あ～!!　それって駅員《えきいん》さんたちが持《も》っているアレかな？

そう！　ケータイの２倍《ばい》くらいの大《おお》きさで、手帳《てちょう》みたいな感《かん》じだよ

正解《せいかい》 ④ダイヤ

正解《せいかい》していたら川内《せんだい》をぬりつぶそう

どうしてダイヤって言《い》うの？　ママのネックレスや指輪《ゆびわ》に付《つ》いているダイヤモンドと同《おな》じ意味《いみ》なのかな？

本当《ほんとう》はダイヤグラムっていうんだけど、略《りゃく》してそう呼《よ》ぶんだって。

そういうことなんだぁ。

左《ひだり》から右《みぎ》へ向《む》かって書《か》かれているのは、朝《あさ》から晩《ばん》までの時《じ》刻《こく》。上《うえ》から下《した》へ向《む》かって書《か》かれているのは駅《えき》や駅間《えきかん》の距離《きょり》。時刻表《じこくひょう》とは違《ちが》って、列車《れっしゃ》が何時《なんじ》にどの駅《えき》に到着《とうちゃく》するかってことが一目《ひとめ》でわかるように、線《せん》で表《あらわ》されているのよ。

うわ!!　線《せん》がたくさん引《ひ》いてあるのね！

この線《せん》の1本《ぽん》1本《ぽん》が列車《れっしゃ》の動《うご》きを示《しめ》していて、運転手《うんてんしゅ》さんはこれにしたがって時刻通《じこくどお》りに走《はし》らせているのよ。

ダイヤグラムの例《れい》

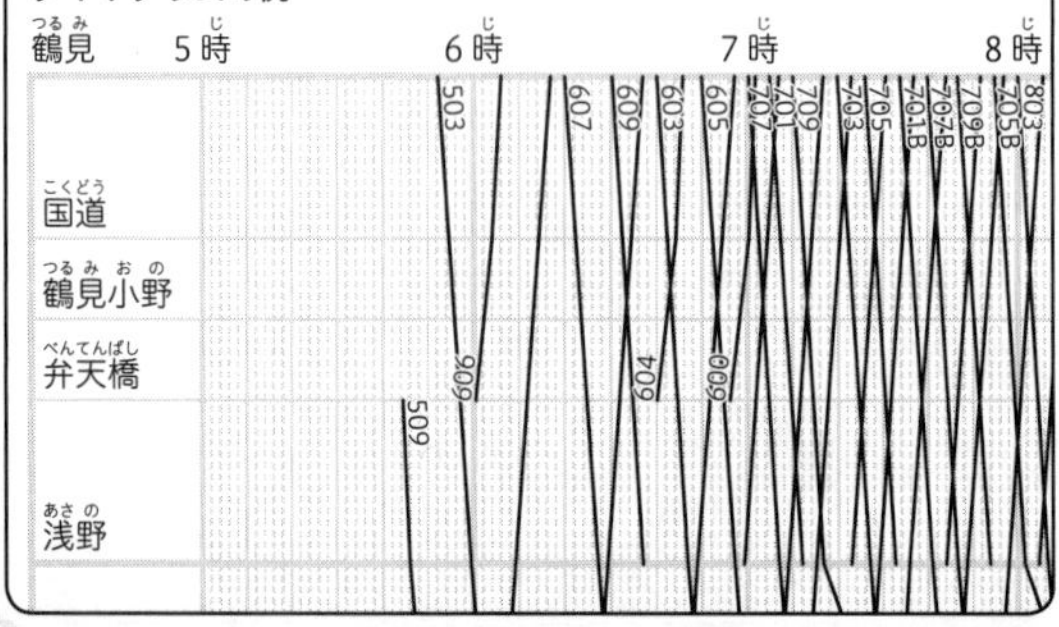

初級
しょきゅう
36

JR《ジェイアール》九州《きゅうしゅう》で走《はし》る、超豪華《ちょうごうか》な寝台列車《しんだいれっしゃ》の名前《なまえ》はなんでしょう？

① カシオペア

② ミラージュラピート

③ ななつ星《ぼし》in《イン》九州《きゅうしゅう》

④ トゥインクルスター

Hint!

うち、この列車《れっしゃ》好《す》いとぉーよ。福岡《ふくおか》ではめっちゃ話《わ》題《だい》になっているっちゃ

この列車《れっしゃ》も車両《しゃりょう》をデザインしたのは、僕《ぼく》の大好《だいす》きな水戸岡鋭治《みとおかえいじ》さんです。僕《ぼく》らは乗《の》れないのが大変《たいへん》残念《ざんねん》ですが……

二人《ふたり》とも大好《だいす》きな列車《れっしゃ》なのに……なんで乗《の》れんと!?

正解《せいかい》

正解《せいかい》していたら鹿児島中央《かごしまちゅうおう》をぬりつぶそう

③ ななつ星《ぼし》in《イン》九州《きゅうしゅう》

2013（平成《へいせい》25）年《ねん》10月《がつ》15日《にち》から走《はし》りはじめた観光寝台列車《かんこうしんだいれっしゃ》です。九州各地《きゅうしゅうかくち》の自然《しぜん》や歴史的建造物《れきしてきけんぞうぶつ》を巡《めぐ》りながら、地元《じもと》の食事《しょくじ》や温泉《おんせん》などを楽《たの》しむことを目的《もくてき》としていて、クルーズトレインと位置《いち》づけられています。

すっごく豪華《ごうか》で、お値段《ねだん》も高《たか》いって聞《き》いたけど……。

「DX《デラックス》スイートA《エー》」という最高《さいこう》の部屋《へや》の3泊《ぱく》4日《か》コースだと、**お一人様《ひとりさま》130万円《まんえん》**です。それに、すごい人気《にんき》で、平均《へいきん》20倍《ばい》以上《いじょう》とも言《い》われる抽選《ちゅうせん》に当《あ》たらない限《かぎ》りきっぷは買《か》えませんし、年齢制限《ねんれいせいげん》があって、中学生以上《ちゅうがくせいいじょう》でないと乗《の》れないんですよ。

そっか～。じゃあ、大《おお》きくなるのを待《ま》つしかないんだね。残念《ざんねん》だなぁ。

僕《ぼく》はいつか『ななつ星《ぼし》in《イン》九州《きゅうしゅう》』に乗《の》るのが夢《ゆめ》なんです！

Photo ○荒川好夫《あらかわよしお》（RGG）

初級問題《しょきゅうもんだい》はこれで全部《ぜんぶ》やで。なんやあっという間《ま》やったな。この勢《いきお》いで、中級《ちゅうきゅう》に挑戦《ちょうせん》や!!

電車《でんしゃ》が大好《だいす》き!!

電車検定《でんしゃけんてい》

中級《ちゅうきゅう》

中級《ちゅうきゅう》問題《もんだい》チェックシート

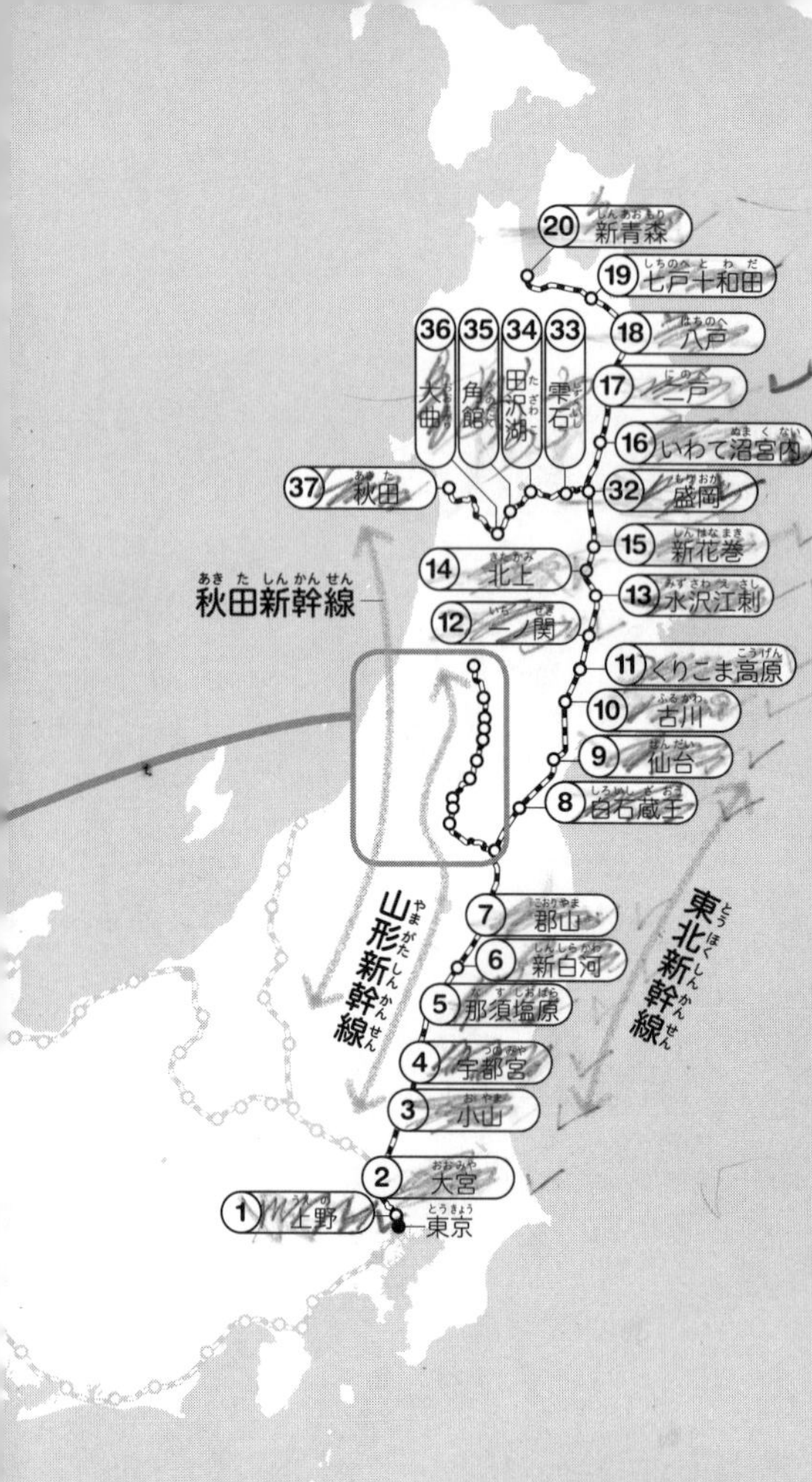

中級《ちゅうきゅう》の問題《もんだい》で正解《せいかい》した番号《ばんごう》の駅《えき》をぬりつぶしていこう！終《お》わったら、ぬりつぶせた駅《えき》の数《かず》をかぞえて、自分《じぶん》のランクをチェックだ！

※このページをコピーして使《つか》うと便利《べんり》だよ

←さあ、問題《もんだい》にチャレンジ

37駅《えき》ぬりつぶせた人《ひと》（満点《まんてん》！）→ A《エー》ランク □

さらに新大阪駅《しんおおさかえき》のカギをGet《ゲット》!

30駅《えき》ぬりつぶせた人《ひと》→ B《ビー》ランク □

16駅《えき》ぬりつぶせた人《ひと》→ C《シー》ランク □

それ以外《いがい》の人《ひと》→ 残念《ざんねん》、ランク外《がい》

もう1回《かい》チャレンジだ！

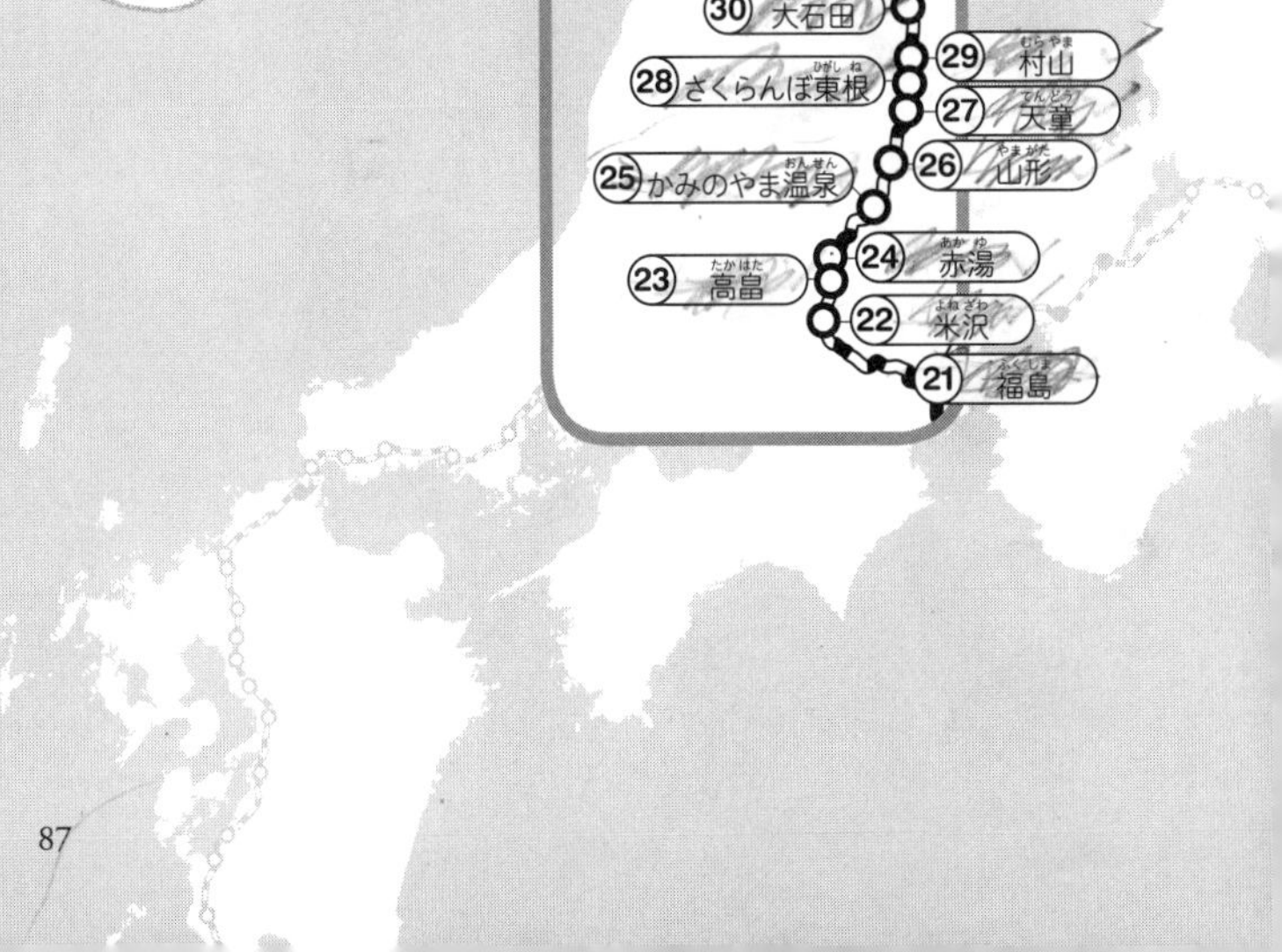

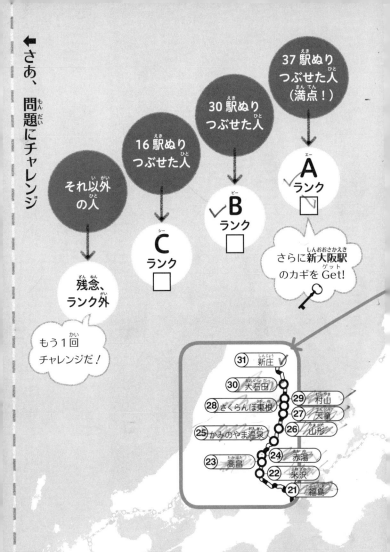

初級《しょきゅう》はどうだった？中級《ちゅうきゅう》は車両系《しゃりょうけい》の問題《もんだい》がいっぱいあるよ～！

中級
ちゅうきゅう
1

新橋《しんばし》〜豊洲間《とよすかん》を走《はし》る『ゆりかもめ』の特徴《とくちょう》として正《ただ》しいものはどれ？

① モノレール

② 道路《どうろ》を走《はし》る

③ 運転手《うんてんしゅ》がいない

④ シートがない

Hint!

新橋《しんばし》〜豊洲《とよす》ってどこ？

関西《かんさい》やとなじみがないよね。新橋《しんばし》は山手線《やまのてせん》も通《とお》る駅《えき》、『ゆりかもめ』はお台場《だいば》や有明《ありあけ》を通《とお》って豊洲《とよす》に着《つ》くベイサイド路線《ろせん》や

おおっ!?　くわしいやん

国際展示場正門駅《こくさいてんじじょうせいもんえき》もあって、おとんがそこでよくイベントをしとるねん

正解《せいかい》していたら上野《うえの》をぬりつぶそう

③ 運転手《うんてんしゅ》がいない

早朝《そうちょう》とか深夜《しんや》には運転手《うんてんしゅ》さんが乗《の》ることもあるみたいやけど、**基本的《きほんてき》には無人《むじん》**で走《はし》っとるよ。

えーっ!? 運転手《うんてんしゅ》さんおらんのん? そんなん大丈夫《だいじょうぶ》なんか?

要《よう》するにエレベーターみたいなもんや。ドアの開閉時《かいへいじ》にお客《きゃく》さんをはさまんように、ホームにはホームドアがズラリと並《なら》んどるし安全《あんぜん》やで。たぶん、言《い》われへんかったら無人運転《むじんうんてん》なんて気《き》ぃつかへんのとちゃうやろか?

へぇ～さすがに恐《おそ》ろしい町《まち》やな、東京《とうきょう》は……。

いやいや、関西《かんさい》でも南港《なんこう》を走《はし》る『ニュートラム』とか、神戸《こうべ》にある『六甲《ろっこう》ライナー』『ポートライナー』なんかも無人運転《むじんうんてん》やで。

へぇ～鉄道《てつどう》はだんだん無人《むじん》になっていくねんなぁ。

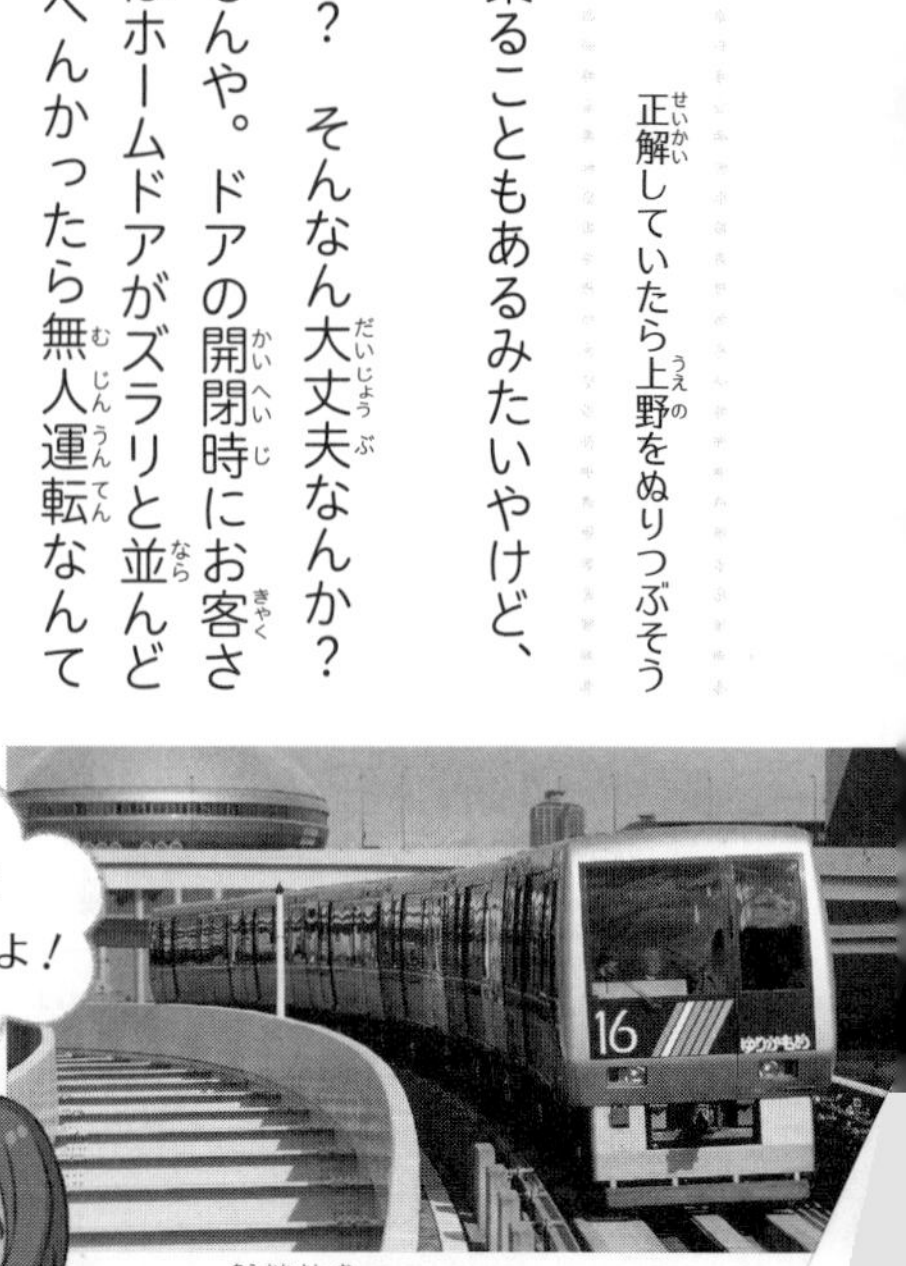

Photo ○荒川好夫《あらかわよしお》（RGG）

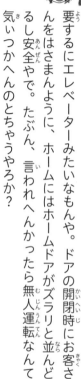

中級
ちゅうきゅう
2

列車《れっしゃ》がカーブする時《とき》、車体《しゃたい》を傾《かたむ》けるのはなぜでしょう？

① かっこいいから

② 速《はや》いスピードで曲《ま》がるため

③ 重力《じゅうりょく》に引《ひ》かれるから

④ レールが曲《ま》がっているから

Hint!

カーブ近《ちか》くで列車《れっしゃ》の写真《しゃしん》を撮《と》ると、確《たし》かにいつも内側《うちがわ》に傾《かたむ》いているなぁ

だろう。それにはしっかりした意味《いみ》があるんだよ

傾《かたむ》ける意味《いみ》ねぇ？

体育《たいいく》でトラックのカーブを走《はし》る時《とき》どうする？

あっ、そういうことか!?

正解《せいかい》

② 速《はや》いスピードで曲《ま》がるため

正解《せいかい》していたら
大宮《おおみや》をぬりつぶそう

列車《れっしゃ》だけじゃなく、車《くるま》でもバイクでも人間《にんげん》でも、スピードをつけてカーブを曲《ま》がろうとすると、**遠心力《えんしんりょく》**っていう力《ちから》がかかって外側《そとがわ》へ倒《たお》れそうになるんだ。だから**内側《うちがわ》に傾《かたむ》ければバランスが取《と》れて安全《あんぜん》に曲《ま》がれる**んだよ。

そっか〜私《わたし》たちがトラックのカーブを走《はし》る時《とき》、内側《うちがわ》に体《からだ》を倒《たお》すのと同《おな》じね。ちゃんと傾《かたむ》けないとコケたりするもんね。

そうそう。それは遠心力《えんしんりょく》に負《ま》けてしまった結果《けっか》だね。電車《でんしゃ》では車体《しゃたい》を傾《かたむ》けるために、カーブの部分《ぶぶん》ではレールを少《すこ》し傾《かたむ》けて設置《せっち》していたり、車体《しゃたい》そのものを傾《かたむ》かせる「振《ふ》り子《こ》電車《でんしゃ》」もあるんだ。たとえばJR九州《ジェイアールきゅうしゅう》の『885系《けい》かもめ』は、カーブを曲《ま》がる時《とき》、ググッと車体《しゃたい》をカーブ内側《うちがわ》へ傾《かたむ》けるんだけど、乗《の》っていてもわかるくらいなんだよ。

カーブで傾《かたむ》く885系《けい》かもめ　Photo ©小林大樹《こばやしだいき》（RGG）

中級
ちゅうきゅう
3

特急《とっきゅう》『ゆふいんの森《もり》』の動力源《どうりょくげん》はなんでしょう？

① 電気《でんき》

② 軽油《けいゆ》

③ 石炭《せきたん》

④ 水《みず》

Hint!

ゆふいんの森《もり》は福岡県《ふくおかけん》の博多《はかた》～大分県《おおいたけん》の由布院《ゆふいん》や別府《べっぷ》を結《むす》ぶ観光列車《かんこうれっしゃ》。二階建《かいだ》て列車《れっしゃ》と同《おな》じ高《たか》さに客席《きゃくせき》のあるハイデッカー車《しゃ》です

そう！　だから、車窓《しゃそう》からの景色《けしき》がとってもすごいの！　車内《しゃない》ビュッフェがあって、食《た》べたり飲《の》んだりもできるんだよね

正解《せいかい》 ② 軽油《けいゆ》

正解《せいかい》していたら小山《おやま》をぬりつぶそう

みんな、『ゆふいんの森《もり》』は電気《でんき》で走《はし》る「電車《でんしゃ》」だって思《おも》わなかった？ けど、実《じつ》は**ディーゼルカー**なんだよねぇ。

ゆふいんの森《もり》の使用車両《しようしゃりょう》は、キハ71系《けい》気動車《きどうしゃ》とキハ72系《けい》気動車《きどうしゃ》です。車両形式《しゃりょうけいしき》に「キ」とあった場合《ばあい》、「気動車《きどうしゃ》」ってことになります。気動車《きどうしゃ》は、燃料《ねんりょう》に軽油《けいゆ》（ディーゼル）を使用《しよう》した、ディーゼルエンジンで走《はし》る車両《しゃりょう》のことを言《い》います。

だから、駅《えき》へ入《はい》ってくると、ドドドドッってバスやトラックみたいな大《おお》きな音《おと》がして、屋根《やね》を見《み》るとモクモクと小《ちい》さく煙《けむり》が出《で》ているのが見《み》えるんだよ。

博多《はかた》〜久留米《くるめ》間《かん》は電化《でんか》（電車《でんしゃ》が走《はし》れるような設備《せつび》が整《ととの》っている）されていますが、久留米《くるめ》以降《いこう》の久大本線《きゅうだいほんせん》が非電化《ひでんか》のため、ディーゼルカーでなくてはいけないのです。

Photo ○荒川好夫《あらかわよしお》（RGG）

中級《ちゅうきゅう》 4

『ハイブリッド気動車《きどうしゃ》』とは、一体《いったい》どんな列車《れっしゃ》でしょう？

① 無人運転《むじんうんてん》

② ディーゼル発電《はつでん》した電気《でんき》で走《はし》る

③ ガソリンと電気《でんき》で走《はし》る

④ 道路《どうろ》も線路《せんろ》も走《はし》れる

Hint!

これは乗《の》った人《ひと》とか地元《じもと》の人《ひと》なら、すぐにわかる問題《もんだい》かもね

雄太君《ゆうたくん》は、これに乗《の》ったことあるの？

五能線《ごのうせん》の『リゾートしらかみ 青池《あおいけ》』に乗《の》ったんだ。青森《あおもり》〜秋田《あきた》間《かん》の海岸《かいがん》沿《ぞ》いを走《はし》っていて、とてもいい景色《けしき》が見《み》られるんだよ

正解《せいかい》していたら
宇都宮《うつのみや》をぬりつぶそう

② ディーゼル発電《はつでん》した電気《でんき》で走《はし》る

ハイブリッド車両《しゃりょう》って……、電気《でんき》とガソリンを交互《こうご》に使《つか》って、うまいこと走《はし》るってこと？

ちょっと違《ちが》うんだ。電車《でんしゃ》は電気《でんき》の力《ちから》でモーターを動《うご》かして走《はし》るよね？ 気動車《きどうしゃ》はディーゼル（軽油《けいゆ》）でエンジンを動《うご》かして走《はし》る。でも、ハイブリッド車両《しゃりょう》では、ディーゼルエンジンを使《つか》って**発電《はつでん》して**、その電気《でんき》で**モーターを動《うご》かして走《はし》る**んだよ。電《でん》化《か》されていない路線《ろせん》を走《はし》らせたい時《とき》に必要《ひつよう》なんだ。

なんかややこしいな〜。気動車《きどうしゃ》で走《はし》ったらええんとちゃうん？

気動車《きどうしゃ》だと、走《はし》りに合《あ》わせてエンジンの回転数《かいてんすう》を変《か》えないといけないけど、ハイブリッド化《か》すると一定《いってい》の回転数《かいてんすう》でいいから、排気《はいき》ガスを低減《ていげん》できて、エンジン音《おん》も静《しず》かになるんだよ。美《うつく》しい自然《しぜん》を持《も》つエリアにはピッタリの環境《かんきょう》に優《やさ》しい列車《れっしゃ》なんだ。

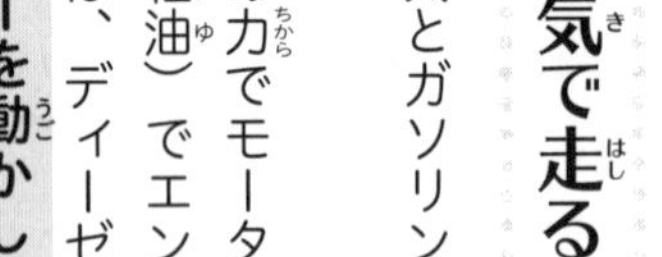

『リゾートしらかみ 青池《あおいけ》』
Photo ○荒川好夫《あらかわよしお》（RGG）

中級
ちゅうきゅう
5

自動改札機《じどうかいさつき》を日本《にほん》で最初《さいしょ》に本格導入《ほんかくどうにゅう》したのは、どの都道府県《とどうふけん》でしょう？

① 東京都《とうきょうと》

② 愛知県《あいちけん》

③ 福岡県《ふくおかけん》

④ 大阪府《おおさかふ》

Hint!

やっぱり最新《さいしん》の機械《きかい》は東京都《とうきょうと》から導入《どうにゅう》するのが普通《ふつう》だよね

もしかしたら、福岡県《ふくおかけん》だったかもしれないよ？

そうかなぁ？

だって東京《とうきょう》みたいにたくさんお客《きゃく》さんがいると、改札機《かいさつき》を入《い》れかえる工事《こうじ》も大変《たいへん》じゃないかなあ

正解《せいかい》

④ 大阪府《おおさかふ》

正解《せいかい》していたら那須塩原《なすしおばら》をぬりつぶそう

東京《とうきょう》でも福岡《ふくおか》でもなくて、阪急電鉄《はんきゅうでんてつ》の北千里《きたせんり》の駅《えき》に導入《どうにゅう》した、**定期券専用《ていきけんせんよう》の自動改札機《じどうかいさつき》**が始《はじ》まりなんだって。

上田君《うえだくん》なんか見《み》ていると、関西《かんさい》の人《ひと》はみんなせっかちだから、ピュッとすぐに通《とお》れる自動改札《じどうかいさつ》が合《あ》ったのよね、きっと。

ちなみに、自動改札機《じどうかいさつき》は1台《だい》いくらすると思《おも》う？　なんと！　1台《だい》あたり800～1000万円《まんえん》もするそうです！

※ほんなごと!?　家《いえ》が買《か》えてしまうやないと!?

そうだね。だから改札口《かいさつぐち》に10台《だい》も並《なら》んでいたら、それだけで1億円《おくえん》にもなるから、壊《こわ》したりすると大変《たいへん》！　みんなも改札口《かいさつぐち》の近《ちか》くではふざけたり、遊《あそ》ばないようにしようね。

※博多弁《はかたべん》で「本当《ほんとう》に!?」って意味《いみ》だよ

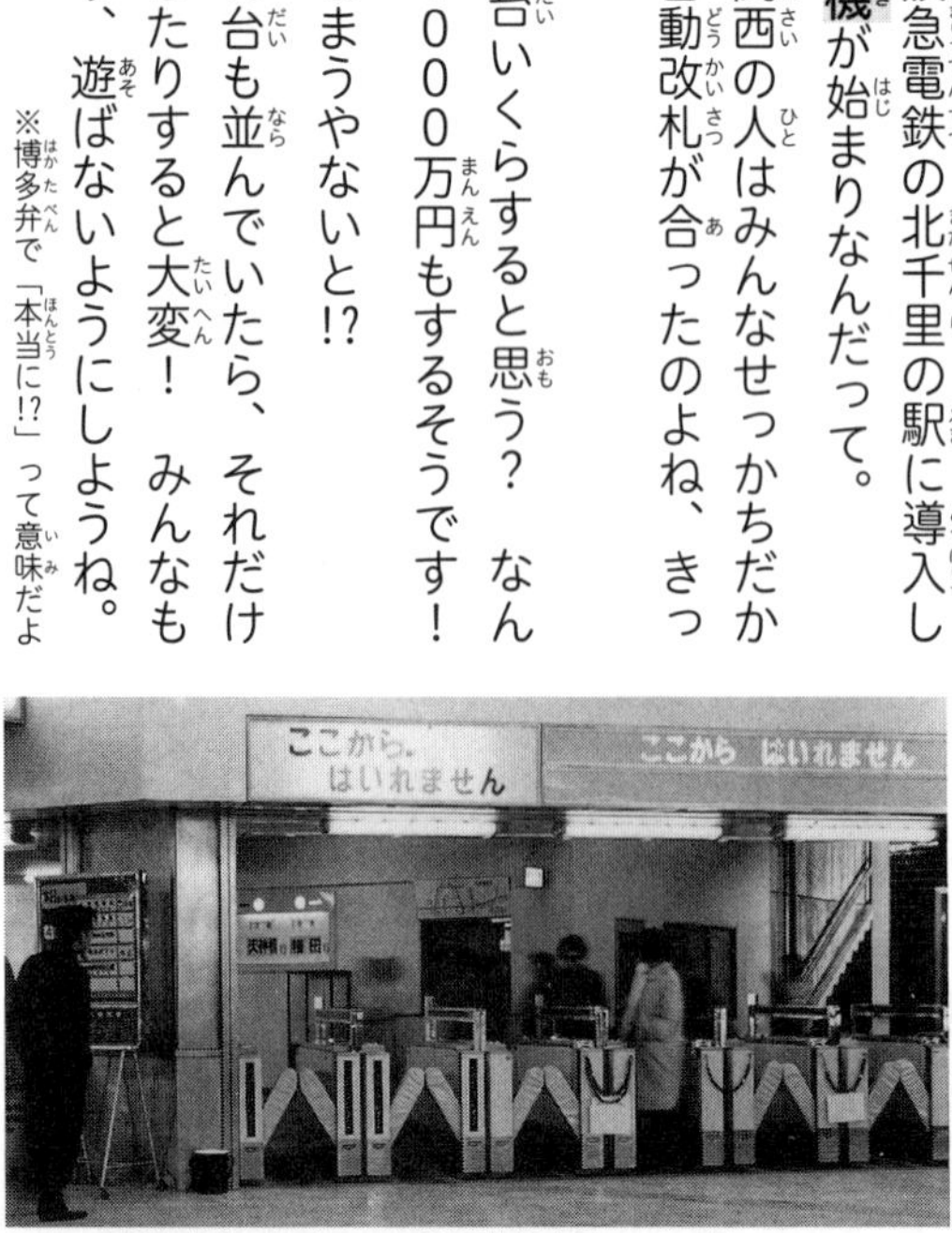

初期《しょき》の自動改札機《じどうかいさつき》が設置《せっち》された阪急北千里駅《はんきゅうきたせんりえき》（1967年《ねん》）
Photo ©オムロン

中級《ちゅうきゅう》 6

なんば〜関西空港間《かんさいくうこうかん》を走《はし》る南海電気鉄道《なんかいでんきてつどう》の特急名《とっきゅうめい》はなんでしょう？

① はるか

② ラピート

③ スカイライナー

④ ミュースカイ

Hint!

顔《かお》がロボットみたいになっている電車《でんしゃ》やったなぁ

車体《しゃたい》の色《いろ》は真《ま》っ青《さお》で、本当《ほんとう》に飛《と》んでいきそうにかっこいいよね

う〜ん。私《わたし》は京都《きょうと》から行《い》ける、ＪＲ《ジェイアール》の白《しろ》い列車《れっしゃ》のほうが好《す》きやなぁ

正解《せいかい》

正解《せいかい》していたら新白河《しんしらかわ》をぬりつぶそう

② ラピート

『ラピート』は、**ドイツ語《ご》で「速《はや》い」って意味《いみ》**なんだって。

確《たし》かにめっちゃ速《はや》かったなぁ。私《わたし》はJR《ジェイアール》の『はるか』のほうがええけどな。

関西国際空港《かんさいこくさいくうこう》へはこのラピートとはるかが、空港《くうこう》へアクセスする特急電車《とっきゅうでんしゃ》として走《はし》っているんだ。ちなみに『スカイライナー』は京成電鉄《けいせいでんてつ》が京成上野《けいせいうえの》～成田空港間《なりたくうこうかん》を走《はし》らせている特急電車《とっきゅうでんしゃ》で、『ミュースカイ』は中部国際空港《ちゅうぶこくさいくうこう》へ向《む》かう名古屋鉄道《なごやてつどう》の特急《とっきゅう》なんだ。

確《たし》か成田空港《なりたくうこう》へ向《む》かうJR《ジェイアール》の特急《とっきゅう》もあったなぁ。

それは『成田《なりた》エクスプレス』だね！　飛行機《ひこうき》に乗《の》る予定《よてい》がなくっても、そんな特急《とっきゅう》に乗《の》って空港《くうこう》へ遊《あそ》びに行《い》くのも楽《たの》しくていいよね！

Photo ©小林大樹《こばやしだいき》（RGG）

中級
ちゅうきゅう
7

藤沢《ふじさわ》～鎌倉間《かまくらかん》を結《むす》ぶ、このかわいい電車《でんしゃ》が走《はし》る鉄道《てつどう》はなに？

① 富山《とやま》ライトレール

② 京浜急行電鉄《けいひんきゅうこうでんてつ》

③ 京福電気鉄道《けいふくでんきてつどう》

④ 江《え》ノ島電鉄《しまでんてつ》

Hint!

かわいい車両《しゃりょう》やね～

最大《さいだい》でも４両編成《りょうへんせい》で車体《しゃたい》も短《みじか》いから、よりかわいく感《かん》じるね

京都《きょうと》にもこんな感《かん》じの路《ろ》面電車《めんでんしゃ》が走《はし》ってるけど、鎌倉《かまくら》にもあるんやなぁ

でも、あまり道路《どうろ》を走《はし》っていないから、路面電車《ろめんでんしゃ》って感《かん》じじゃないかもね

④江《え》ノ島《しま》電鉄《でんてつ》

正解《せいかい》していたら郡山《こおりやま》をぬりつぶそう

路《ろ》線《せん》は**鎌倉《かまくら》～藤沢間《ふじさわかん》のたった10km《キロメートル》**ほどだけど、**駅《えき》は15**もあり、他《ほか》の沿線《えんせん》にはないたくさんの魅力《みりょく》が詰《つ》まった路線《ろせん》なんだよ。

どういうところが、おもしろいんです？

藤沢《ふじさわ》からは高架《こうか》の上《うえ》を走《はし》っていくのに、海《うみ》に手《て》が届《とど》きそうな海岸沿《かいがんぞ》いを走《はし》ったり、車《くるま》と並《なら》んで道路《どうろ》を走《はし》ったりもするんだ。

へぇ～車窓《しゃそう》の景色《けしき》がどんどん変化《へんか》するんやなぁ。

そして、たくさんの観光地《かんこうち》の合間《あいま》をぬうようにして線路《せんろ》が敷《し》かれている。『江《え》ノ島《しま》』をはじめ、『鎌倉大仏《かまくらだいぶつ》』のある『高徳院《こうとくいん》』、海水浴《かいすいよく》やサーフィンをする人《ひと》に人気《にんき》の『稲村ケ崎《いなむらがさき》』や『七里ケ浜《しちりがはま》』、それに終点《しゅうてん》の鎌倉《かまくら》にもたくさんの名所《めいしょ》があるからね。

うわっ！　めっちゃ楽《たの》しそうな鉄道《てつどう》やなぁ。

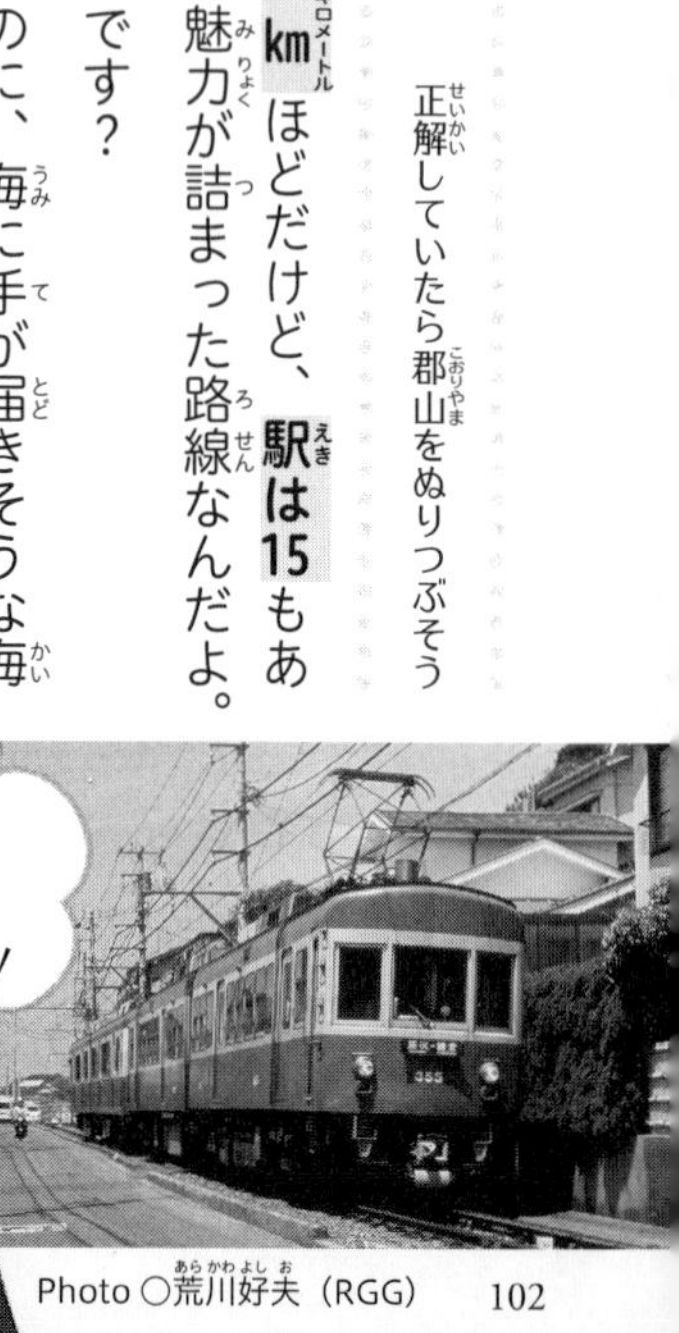

Photo ○荒川好夫《あらかわよしお》（RGG）

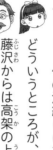

中級
ちゅうきゅう
8

『SL《エスエル》やまぐち号《ごう》』に使用《しよう》される蒸気機関車《じょうきかんしゃ》は、C《シー》56となんでしょう?

① B《ビー》20

② C《シー》57

③ D《ディー》51

④ E《イー》10

Hint!

SL《エスエル》やまぐち号《ごう》は、客車《きゃくしゃ》を何両《なんりょう》も牽《ひ》いて走《はし》る列車《れっしゃ》だからね

だとすると……あまり小《ちい》さな機関車《きかんしゃ》では無理《むり》かもしれないな

大樹《たいき》、それはいいヒントになるぞ!!

正解《せいかい》していたら白石蔵王《しろいしざおう》をぬりつぶそう

正解《せいかい》

② C《シー》57

蒸気機関車《じょうききかんしゃ》の大《おお》きな車輪《しゃりん》は「動輪《どうりん》」と呼《よ》ばれています。これはその前方《ぜんぽう》にあるピストンとつながっていて、車体《しゃたい》を動《うご》かす大事《だいじ》な部分《ぶぶん》。この動輪《どうりん》の数《かず》が1つならナンバーがA《エー》、2つならB《ビー》、3つならC《シー》、4つならD《ディー》、5つならE《イー》と付《つ》きますので、大《おお》きな動輪《どうりん》が3つの場合《ばあい》は「C《シー》」と推測《すいそく》できるんです。

ちなみに『SL《エスエル》やまぐち号《ごう》』で使用《しよう》されているC《シー》57は、日本《にほん》で最初《さいしょ》に製造《せいぞう》された「1号機《ごうき》」って呼《よ》ばれるもので、正面《しょうめん》には「C《シー》571」という赤《あか》いプレートが誇《ほこ》らしげに輝《かがや》いているよ。

C《シー》571は戦争中《せんそうちゅう》には機銃掃射《きじゅうそうしゃ》を受《う》けたり、戦後《せんご》は土砂崩《どしゃくず》れに巻《ま》きこまれたりと大変《たいへん》な目《め》にあって、何度《なんど》も廃車《はいしゃ》になりそうになったのですが、いろいろな奇跡《きせき》が重《かさ》なって、今《いま》でも現役《げんえき》で山《やま》口線《ぐちせん》を走《はし》っているんです……！　素晴《すば》らしいことですね！

Photo ○小林大樹《こばやしだいき》（RGG）

中級
ちゅうきゅう
9

小学生《しょうがくせい》でも本物《ほんもの》の電車《でんしゃ》を運転《うんてん》できるイベントをやっている鉄道会社《てつどうがいしゃ》はどれ？

① 明知鉄道《あけちてつどう》

② のと鉄道《てつどう》

③ 錦川鉄道《にしきがわてつどう》

④ 一畑電車《いちばたでんしゃ》

Hint!

俺《おれ》でも、本物《ほんもの》の電車《でんしゃ》を運《うん》転《てん》できるんやろ！　今《いま》、ここは鉄道《てつどう》ファンのあこがれの場所《ばしょ》になってるわ。はよ俺《おれ》も体験《たいけん》したいわ――！

うん、鉄道《てつどう》好《ず》きなら行《い》くべき、と言《い》いたいかな。本物《ほんもの》をぜひ体感《たいかん》してほしいな

自分《じぶん》の手《て》で電車《でんしゃ》を……！

正解《せいかい》

④ 一畑電車《いちばたでんしゃ》

正解《せいかい》していたら仙台《せんだい》をぬりつぶそう

島根県《しまねけん》にある一畑電車《いちばたでんしゃ》では、参加条件《さんかじょうけん》を満《み》たしている人《ひと》なら基《き》本的《ほんてき》に誰《だれ》でも実際《じっさい》の電車《でんしゃ》を運転《うんてん》することができるんだ。

小学生《しょうがくせい》でも運転《うんてん》できんねんてな。

そうだよ。動《うご》かす電車《でんしゃ》は昭和初期《しょうわしょき》から走《はし》っている**デハニ50形《がた》**って名前《なまえ》の古《ふる》い電車《でんしゃ》なんだ。そんな本物《ほんもの》の電車《でんしゃ》をいつでもほんの少《すこ》しの講習《こうしゅう》を受《う》けただけで、150m《メートル》も運転《うんてん》できるのは、たぶん日本中広《にほんじゅうひろ》しといえども一畑電車《いちばたでんしゃ》だけだろうね。

しかも一畑電車《いちばたでんしゃ》では京王線《けいおうせん》や東急電鉄《とうきゅうでんてつ》の昔《むかし》の車両《しゃりょう》をリニューアルして走《はし》らせとって、走《はし》る『鉄道博物館《てつどうはくぶつかん》』って雰囲気《ふんいき》なんや！

あっはは。ここは鉄道《てつどう》ファンなら一度《いちど》は訪《おとず》れておくべき鉄道《てつどう》だね。ちなみにのと鉄道《てつどう》でも、小学生《しょうがくせい》が運転体験《うんてんたいけん》できるけど、電《でん》車《しゃ》ではなく、ディーゼル車《しゃ》なんだ。

Photo ○小笠原未来《おがさわらみらい》（T3）

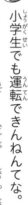

中級
ちゅうきゅう

10

次《つぎ》のうち懸《けん》垂《すい》式《しき》のモノレールはどれでしょう？

① 湘南《しょうなん》モノレール

② 多摩《たま》都市《とし》モノレール

③ 沖縄《おきなわ》都市《とし》モノレール

④ 東京《とうきょう》モノレール

Hint!

モノレールには大《おお》きく2つに分《わ》けて、軌道《きどう》からぶら下《さ》がる懸垂式《けんすいしき》と、軌道《きどう》にまたがる跨座式《こざしき》とがあるんだ

これは軌道《きどう》からぶら下《さ》がっているタイプなんですね

ちなみに日本初《にほんはつ》の懸垂式《けんすいしき》モノレールは、『上野動物園《うえのどうぶつえん》』の中《なか》を走《はし》っているよ

正解《せいかい》

① 湘南《しょうなん》モノレール

正解《せいかい》していたら古川《ふるかわ》をぬりつぶそう

『湘南《しょうなん》モノレール』は、**大船《おおふな》〜湘南江《しょうなんえ》の島間《しまかん》の6.6km《キロメートル》を約《やく》14分《ぷん》で駆《か》けぬける**、日本《にほん》では少数派《しょうすうは》の懸垂式《けんすいしき》モノレールなんだ。

軌道《きどう》からぶら下《さ》がるタイプって、日本《にほん》では少《すく》ないんですか？

そうだね。日本国内《にほんこくない》には北《きた》は東京《とうきょう》から南《みなみ》は沖縄《おきなわ》まで、10か所《しょ》くらいにモノレールがあるんだけど、懸垂式《けんすいしき》は、上野動物園内《うえのどうぶつえんない》のモノレールと湘南《しょうなん》モノレールのほかは、千葉都市《ちばとし》モノレールと、広島県《ひろしまけん》にあるスカイレールしかないからね。

そういえば、モノレールってパンタグラフがありませんけど、どうやって電気《でんき》をもらって走《はし》っているんですか？

軌道内《きどうない》に電気《でんき》の通《とお》っているラインが入《はい》っていて、そこから取《と》るんだよ。ちなみに関東《かんとう》は、日本《にほん》10か所《しょ》のモノレールのうち、6か所《しょ》がある、モノレール激戦区《げきせんく》なんだよ。

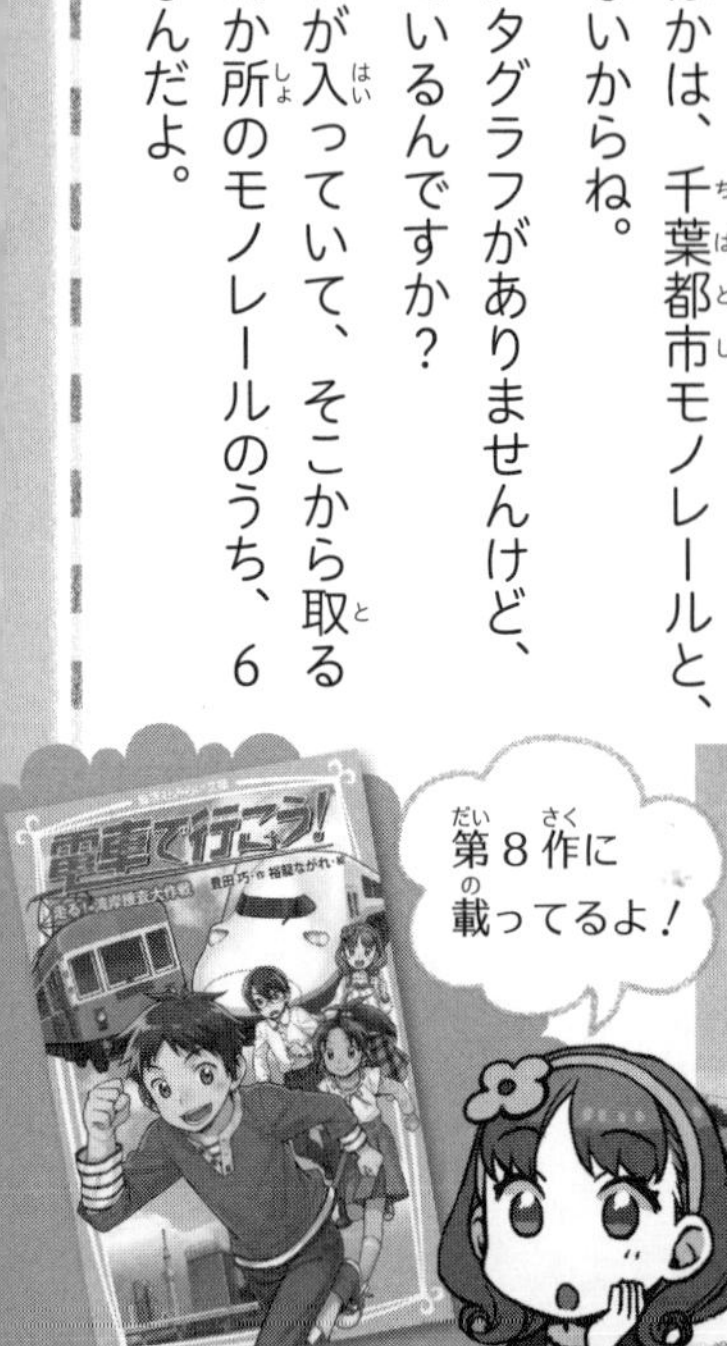

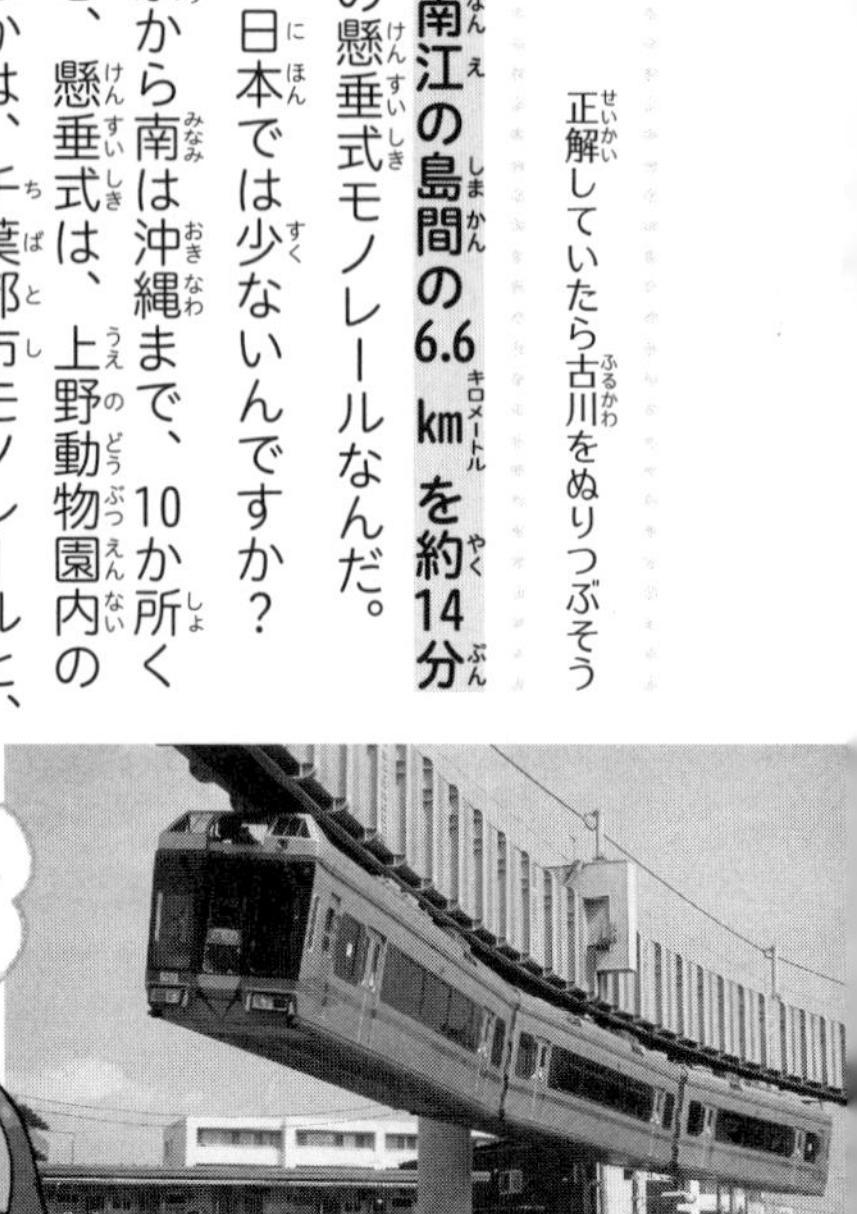

Photo ○小林大樹《こばやしだいき》（RGG）

中級《ちゅうきゅう》

11

使用済《しようず》みのきっぷをリサイクルして作《つく》られているものはどれでしょう？

① 駅《えき》のベンチ

② 点字《てんじ》ブロック

③ まくら木《ぎ》

④ 車体《しゃたい》の部品《ぶひん》

Hint!

そういえば、回収《かいしゅう》された定期券《ていきけん》やきっぷはどうなっているんだろう？

たとえばＪＲ東日本《ジェイアールひがしにほん》は、きっぷをトイレットペーパーや段《だん》ボールなどにリサイクルしているんだって。ちなみに、2010年度《ねんど》に回収《かいしゅう》されたきっぷは396トン！

396トンも!?

正解《せいかい》

① 駅《えき》のベンチ

正解《せいかい》していたらくりこま高原《こうげん》をぬりつぶそう

名鉄協商《めいてつきょうしょう》が開発《かいはつ》したリサイクル法《ほう》では、使用済《しようず》みのきっぷを細《こま》かくくだいて材料《ざいりょう》の一部《いちぶ》にして、駅《えき》のホームなどに設置《せっち》するベンチを作《つく》っているんだ。こうやってリサイクルされたベンチは、よく見《み》ると「リサイクルで作《つく》られました」とステッカーが貼《は》られていることもあるんだよ。

他《ほか》の鉄道会社《てつどうがいしゃ》さんでも、普通《ふつう》きっぷや回数券《かいすうけん》をリサイクルして駅《えき》のトイレットペーパーの材料《ざいりょう》にしたり、乗務員《じょうむいん》さんたちの制《せい》服《ふく》の材料《ざいりょう》に使《つか》っているところもあるんだって。駅《えき》には飲料水《いんりょうすい》のペットボトルや雑誌《ざっし》や新聞《しんぶん》なんかも捨《す》てられているから、たくさんのリサイクル資源《しげん》があるってことだね。

そうだね！　それに、交通系《こうつうけい》IC《アイシー》カードを使《つか》えば、使用済《しようず》みきっぷが減《へ》らせるから、僕《ぼく》らもゴミを減《へ》らすお手伝《てつだ》いができるね。

大阪《おおさか》モノレールにある、きっぷで作《つく》られたベンチ　Photo ◯名鉄協商《めいてつきょうしょう》

中級
ちゅうきゅう
12

大阪《おおさか》・名古屋《なごや》・京都《きょうと》〜賢島《かしこじま》間《かん》を走《はし》る、近鉄《きんてつ》50000系《けい》を使用《しよう》した特急《とっきゅう》の名前《なまえ》は？

① たにかぜ

② しまかぜ

③ はるかぜ

④ さわかぜ

Hint!

やっぱり関西《かんさい》の私鉄《してつ》はハデやわぁ。見《み》てみぃ！ かっこええ〜デザイン！

別《べつ》に上田《うえだ》がデザインしたんちゃうやろっ！

そやけどなぁ〜。なんやうれしいやん、関西《かんさい》の私《し》鉄《てつ》が元気《げんき》やと！

それはそやなっ！　ええぞ、近鉄《きんてつ》！

正解《せいかい》 ② しまかぜ

正解《せいかい》していたら一《いち》ノ関《せき》をぬりつぶそう

2013（平成《へいせい》25）年《ねん》3月《がつ》に走《はし》りはじめた近鉄《きんてつ》特急《とっきゅう》『しまかぜ』は、このかっこええ**近鉄《きんてつ》50000系《けい》**を使用《しよう》しとる。6両編成《りょうへんせい》で、シートが横《よこ》三列《れつ》しかない「プレミアムシート」を中《ちゅう》心《しん》に、いろいろなタイプの個室《こしつ》を多数《たすう》そろえた豪華観光列車《ごうかかんこうれっしゃ》や。

関西《かんさい》でもすごく話題《わだい》になったから、うちも知《し》ってるわ。真《ま》ん中《なか》の車両《しゃりょう》はダブルデッカー（二階建《かいだ》て）になってて、1階《かい》も2階《かい》もカフェテリアになってるんやろ。

プレミアムシートもすごくてなぁ。シートは本革《ほんがわ》で電動《でんどう》のレッグレストもあって、なんと腰《こし》が当《あ》たる部分《ぶぶん》はエアクッションになっとるうえマッサージ機能《きのう》も備《そな》えとんねん。しかし、萌《もえ》ちゃんもダブルデッカーとか覚《おぼ》えたんやなぁ！

うっ、うちは別《べつ》に電車《でんしゃ》なんか好《す》きになってないんやからなっ。

Photo ◯小林大樹《こばやしだいき》（RGG）

中級《ちゅうきゅう》

13

『めいてつ』と呼《よ》ばれる名古屋鉄道《なごやてつどう》の車両《しゃりょう》は、主《おも》に何色《なにいろ》でしょう？

①黄《き》

②赤《あか》

③緑《みどり》

④こげ茶《ちゃ》

Hint!

名古屋鉄道《なごやてつどう》は、前《まえ》にやったトレインラリーの時《とき》に乗《の》ったなぁ。名古屋《なごや》の鉄《てつ》道《どう》を語《かた》る時《とき》、ここははずされへん

名古屋《なごや》に住《す》んでいるみんなには超簡単《ちょうかんたん》だよね

めいてつは愛知県《あいちけん》を縦横《じゅうおう》無尽《むじん》に走《はし》るスーパー私鉄《してつ》やからなぁ

正解《せいかい》 ② 赤《あか》

正解《せいかい》していたら水沢江刺《みずさわえさし》をぬりつぶそう

これはもともと、名鉄《めいてつ》7000系《けい》パノラマカーにスカーレットという赤《あか》い色《いろ》を採用《さいよう》したのが始《はじ》まりなんや。この色《いろ》が目立《めだ》って人気《にんき》になったんで、それ以降《いこう》の車両《しゃりょう》にもスカーレットが使《つか》われるようになってんて。

へえ～！　ほかの鉄道会社《てつどうがいしゃ》さんは？　東京近郊《とうきょうきんこう》のJR《ジェイアール》だと、銀《ぎん》の車体《しゃたい》に路線《ろせん》のラインカラーを入《い》れてる感《かん》じがあるけど。

私鉄《してつ》の場合《ばあい》は、特定《とくてい》の色《いろ》を中心《ちゅうしん》にしているところが多《おお》いな。阪《はん》急電鉄《きゅうでんてつ》ではマルーンちゅう深《ふか》いワインレッドを開業時以来《かいぎょうじいらい》ほぼ全車両《ぜんしゃりょう》に使《つか》ってるし、京王電鉄《けいおうでんてつ》はアイボリーをベースに京王《けいおう》グループのコーポレートカラー、京王《けいおう》ブルーと京王《けいおう》レッドを入《い》れとる。京浜急行電鉄《けいひんきゅうこうでんてつ》は赤《あか》い車体《しゃたい》が多《おお》いな。

面白《おもしろ》い～！　車両《しゃりょう》を見《み》る楽《たの》しみもなんだか違《ちが》ってくるね。

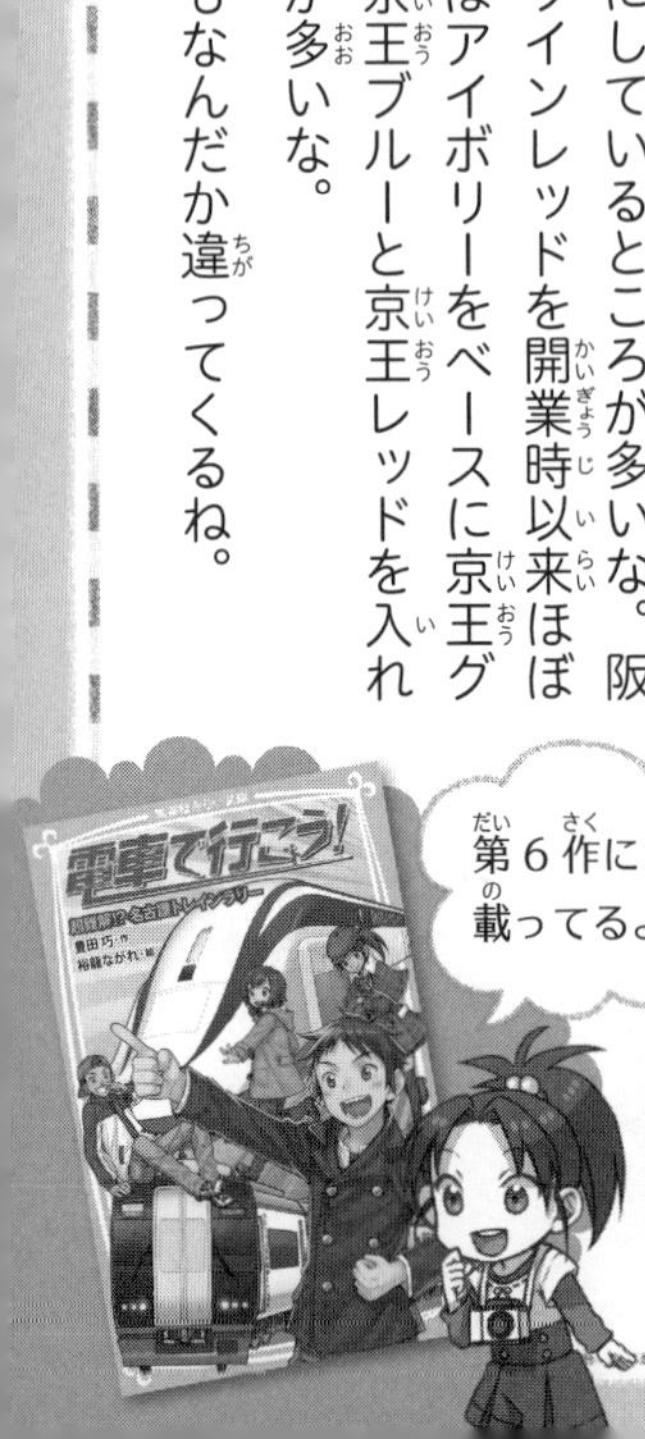

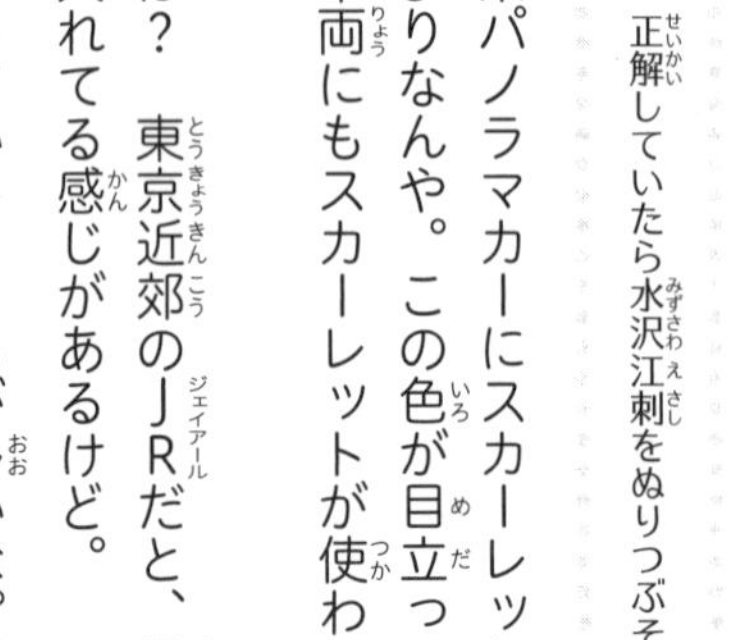

名鉄《めいてつ》3700系《けい》　Photo◎小林大樹《こばやしだいき》（RGG）

中級
ちゅうきゅう
14

気仙沼線《けせんぬません》と大船渡線《おおふなとせん》で行《おこな》っている『BRT《ビーアールティー》』の特徴《とくちょう》として正《ただ》しいのはどれ？

① 道路《どうろ》も走《はし》れる列車《れっしゃ》

② 路面電車《ろめんでんしゃ》

③ 水路《すいろ》も走《はし》れるバス

④ 専用道《せんようどう》を走《はし》るバス

Hint!

このＢＲＴ《ビーアールティー》という方式《ほうしき》は、今《いま》まであまり採用《さいよう》されたことがなかったんだ

それが、2011（平成《へいせい》23）年《ねん》の震災《しんさい》で被災《ひさい》した、気仙沼線《けせんぬません》と大船渡線《おおふなとせん》で使用《しよう》されはじめたんやね

震災《しんさい》によって線路《せんろ》がダメージを受《う》けたから、これに替《か》えられたようだよ

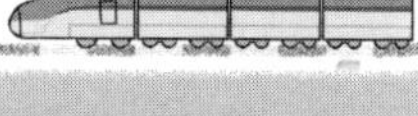

正解《せいかい》

④ 専用道《せんようどう》を走《はし》るバス

正解《せいかい》していたら北上《きたかみ》をぬりつぶそう

『BRT《ビーアールティー》』はBus Rapid Transit《バスラピッドトランジット》の略《りゃく》で、**バスを使《つか》った輸送《ゆそう》システム**のことなんだよ。

普通《ふつう》のバスとは、なにが違《ちが》うのん？

専用道《せんようどう》を走《はし》るから時間《じかん》に正確《せいかく》に運行《うんこう》できるんだ。普通《ふつう》のバスだと、朝夕《あさゆう》のラッシュ時《じ》には、どうしても交通渋滞《こうつうじゅうたい》に巻《ま》きこまれやすいだろう？　でも、そういったことが専用道《せんようどう》なら一切《いっさい》起《お》こらないのさ。気仙沼線《けせんぬません》と大船渡線《おおふなとせん》では、被災《ひさい》した線路《せんろ》の一部《いちぶ》を専用道路《せんようどうろ》にして、BRT《ビーアールティー》しか走《はし》れないようにしてるんだ。

へぇ～鉄道《てつどう》みたいなバスかぁ。それやったら電車《でんしゃ》みたいに正確《せいかく》に走《はし》れるもんなぁ。考《かんが》えた人《ひと》は頭《あたま》ええなぁ。

ちなみにこの2路線《ろせん》のBRT《ビーアールティー》はJR《ジェイアール》なので、『青春《せいしゅん》18きっぷ』で乗《の》れるんだよ。

気仙沼線《けせんぬません》のBRT《ビーアールティー》
Photo◯小林大樹《こばやしだいき》(RGG)

中級
ちゅうきゅう
15

冬《ふゆ》の間《あいだ》だけ走《はし》っている列車《れっしゃ》は、次《つぎ》のうちどれでしょう？

① SL人吉《エスエルひとよし》

② 流氷《りゅうひょう》ノロッコ号《ごう》

③ 丹後《たんご》くろまつ号《ごう》

④ スーパー北斗《ほくと》

Hint!

夏休《なつやす》みだけ走《はし》るというんやったら、まだわかるけど、冬《ふゆ》だけ走《はし》るとは、また、変《へん》な電車《でんしゃ》やなぁ

普通《ふつう》は春《はる》から秋《あき》にかけての車窓《しゃそう》がきれいですが、この列車《れっしゃ》だけは反対《はんたい》に冬《ふゆ》じゃないとダメなんです

「冬《ふゆ》じゃないと見《み》えないもの」が見《み》えるんかな？

正解《せいかい》

② 流氷《りゅうひょう》ノロッコ号《ごう》

正解《せいかい》していたら新花巻《しんはなまき》をぬりつぶそう

『流氷《りゅうひょう》ノロッコ号《ごう》』はJR《ジェイアール》北海道《ほっかいどう》が冬季《とうき》だけ走《はし》らせている観光《かんこう》列車《れっしゃ》。「ノロッコ」は、速度《そくど》が「ノロい」ことと、「トロッコ」を組《く》み合《あ》わせて造《つく》った言葉《ことば》だそうです。釧網本線《せんもうほんせん》の網走《あばしり》～知床《しれとこ》斜里《しゃり》間《かん》を走《はし》っていて、タイミングがいいと車窓《しゃそう》から、オホーツク海《かい》を埋《う》めつくしている真《ま》っ白《しろ》な流氷《りゅうひょう》が見《み》られますよ。

ええなぁ。せやけど、トロッコってことは、マイナス気温《きおん》の中《なか》で窓《まど》がガバーッと開《あ》いてるんちゃうの?

流氷《りゅうひょう》ノロッコ号《ごう》のトロッコ展望車《てんぼうしゃ》は、窓《まど》は大《おお》きくとられてはいますが、ちゃんとガラスが付《つ》いていますので、流氷《りゅうひょう》の写真《しゃしん》を撮《と》る時《とき》だけ開《あ》ければいいようになっていますよ。それに車内《しゃない》はダルマストーブで暖房《だんぼう》されていますから、とても暖《あたた》かです。

それやったら、冬《ふゆ》の北海道《ほっかいどう》に乗《の》りに行《い》ってもええな～。

Photo ○
荒川好夫《あらかわよしお》（RGG）

中級
ちゅうきゅう
16

五能線《ごのうせん》の「木造《きづくり》」の駅舎《えきしゃ》は、変《か》わった形《かたち》をしています。一体《いったい》どんな形《かたち》でしょう？

① 駅舎《えきしゃ》がカメの形《かたち》をしている

② 駅《えき》の屋根《やね》に忍者《にんじゃ》がいる

③ 駅《えき》の壁《かべ》に巨大土偶《きょだいどぐう》がある

④ 戦車《せんしゃ》が壁《かべ》にうまっている

Hint!

ここはすごいよぉ。「日《に》本《ほん》の変《か》わった駅《えき》ランキング」があったらベスト3には入《はい》ると思《おも》うよ

前《まえ》に五能線《ごのうせん》に乗《の》った時《とき》にその話《はなし》は聞《き》いたんですが、下車《げしゃ》はしなかったんです

やっぱり駅《えき》っていうのは下車《げしゃ》して外《そと》から見《み》てみないと、わからないこともあるよね

正解《せいかい》

③ 駅《えき》の壁《かべ》に巨大土偶《きょだいどぐう》がある

正解《せいかい》していたら
いわて沼宮内《ぬまくない》をぬりつぶそう

写真《しゃしん》を見《み》てもらうのが一番《いちばん》だろう。このとおり三階建《かいだ》ての駅舎正面《えきしゃしょうめん》の全面《ぜん》《めん》に、高《たか》さ約《やく》17m《メートル》の巨大土偶《きょだいどぐう》が取《と》りつけられているんだ。

うわぁ～すごいインパクト！ これは下車《げしゃ》して見《み》る価値《かち》がありますね。

この土偶《どぐう》は、駅《えき》の近《ちか》くで発掘《はっくつ》された縄文時代《じょうもんじだい》の**遮光器土偶**《しゃこうきどぐう》をモチーフにしたもので、昔《むかし》は夜《よる》になると電車《でんしゃ》の接近《せっきん》に合《あ》わせて目《め》についた照明《しょうめい》がキラーンと光《ひか》っていたんだ。

それはちょっと、怖《こわ》くないですか？

Photo ○荒川好夫《あらかわよしお》（RGG）

中級《ちゅうきゅう》

17

真岡鐵道《もおかてつどう》の「真岡《もおか》」の駅舎《えきしゃ》はどんな形《かたち》をしているでしょう？

① 蒸気機関車《じょうききかんしゃ》

② カメ

③ 教会《きょうかい》

④ 鬼《おに》の面《めん》

Hint!

真岡鐵道《もおかてつどう》は、栃木県《とちぎけん》にある私鉄《してつ》の１つだよ

栃木《とちぎ》やったら……餃子《ギョーザ》の形《かたち》ちゃう !?

あっはは。そんな駅舎《えきしゃ》はないよ

ほなラーメンが有名《ゆうめい》やから……ドンブリ形《がた》！

それもないね……

正解《せいかい》していたら二戸《にのへ》をぬりつぶそう

① 蒸気機関車《じょうききかんしゃ》

真岡鐵道《もおかてつどう》ではC《シー》11やC《シー》12といった蒸気機関車《じょうききかんしゃ》を週末《しゅうまつ》や祝日《しゅくじつ》を中心《ちゅうしん》に走《はし》らせているんだ。だから、駅舎《えきしゃ》を建《た》てかえる時《とき》に、真岡鐵道《もおかてつどう》の特徴《とくちょう》になっている蒸気機関車形《じょうききかんしゃがた》にしたそうだよ。

まぁ、本物《ほんもの》の蒸気機関車《じょうききかんしゃ》と同《おな》じくらいの大《おお》きさやったら、造《つく》れんこともないか……。

いや、そんなに小《ちい》さいと駅舎《えきしゃ》としては使《つか》えないだろう。**全長約《ぜんちょうやく》50m《メートル》、全幅《ぜんぷく》10m《メートル》、高《たか》さ12m《メートル》**くらいあるんだ。

そっ、そんなんやったら、もうビルやんか!!

超巨大蒸気機関車《ちょうきょだいじょうききかんしゃ》って感《かん》じだよ。ちなみに岡山県《おかやまけん》のJR《ジェイアール》津山《つやま》線《せん》・亀甲駅《かめのこうえき》はカメの形《かたち》、千葉県《ちばけん》の銚子電気鉄道《ちょうしでんきてつどう》・観音駅《かんのんえき》は教《きょう》会《かい》、愛知県《あいちけん》のJR飯田線《ジェイアールいいだせん》・東栄駅《とうえいえき》は、鬼《おに》の面《めん》の形《かたち》をしているんだよ。

Photo ○ 荒川好夫《あらかわよしお》（RGG）

中級《ちゅうきゅう》
18

上信電鉄《じょうしんでんてつ》にある「南蛇井」駅《えき》。なんと読《よ》むでしょう？

① みへびぃ

② みなみじゃい

③ なんじゃい

④ みじゅうい

Hint!

この駅《えき》は鉄道《てつどう》ファンには有名《ゆうめい》な駅《えき》なんだ

どれが正解《せいかい》でも変《へん》な駅名《えきめい》やなぁ

ねらってそんな駅名《えきめい》にしたわけじゃなくて、もともと群《ぐん》馬《ま》県《けん》富《とみ》岡《おか》市《し》南蛇井って地名《ちめい》だからね

日本《にほん》の地名《ちめい》っておもしろいのがあるんやなぁ

正解《せいかい》

正解《せいかい》していたら八戸《はちのへ》をぬりつぶそう

③ なんじゃい

マジかいな!? もう完全《かんぜん》に突《つ》っこまれるの待《ま》っている駅名《えきめい》やん。

あっはは、そうだね。南蛇井《なんじゃい》は**上信電鉄《じょうしんでんてつ》にある**1日《にち》100人《にん》程度《ていど》の乗客《じょうきゃく》が利用《りよう》する**ローカル駅《えき》**なんだ。近《ちか》くにこれといった観光地《かんこうち》はないけど、休《やす》みになると鉄道《てつどう》ファンと思《おも》われる人《ひと》が駅看板《えきかんばん》なんかを撮《と》りにくるんだって。

その気持《きも》ちはわかるわぁ。もし、関西《かんさい》にこんな駅《えき》があったら、「なんじゃい!」って最後《さいご》にビックリマークつけてるわ。

ちなみに上信電鉄《じょうしんでんてつ》は、ドイツのシーメンスシュッケルト社《しゃ》から1924(大正《たいしょう》13)年《ねん》に購入《こうにゅう》した凸形《とつがた》の車体《しゃたい》の電気機関車《でんききかんしゃ》「デキ」を今《いま》も走《はし》らせていたり、時間《じかん》によっては自転車《じてんしゃ》を車内《しゃない》へ持《も》ちこめる「サイクルトレイン」もあったりして、とっても楽《たの》しい鉄道会社《てつどうがいしゃ》さんだよ。

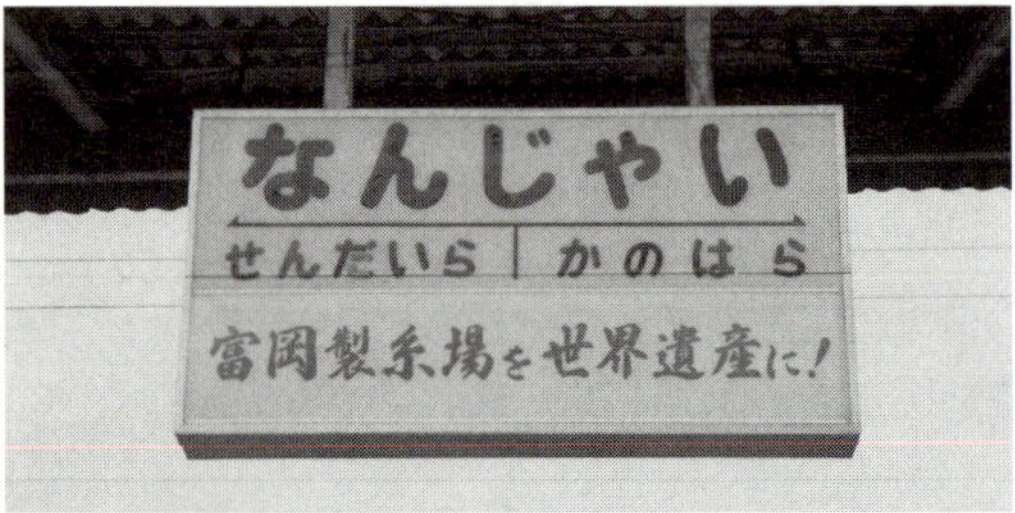

Photo ◯荒川好夫《あらかわよしお》(RGG)

中級《ちゅうきゅう》
19

2017年《ねん》春《はる》に運行《うんこう》開始《かいし》予定《よてい》の、ＪＲ《ジェイアール》東日本《ひがしにほん》のクルーズトレインの名前《なまえ》は？

① 富士山《ふじさん》

② 夢空間《ゆめくうかん》

③ 四季島《しきしま》

④ 黄昏《たそがれ》

Hint!

ＪＲ九州《ジェイアールきゅうしゅう》では『ななつ星《ぼし》in《イン》九州《きゅうしゅう》』が走《はし》ってるけど、ＪＲ東日本《ジェイアールひがしにほん》でも豪華《ごうか》列車《れっしゃ》が走《はし》ることになるんやなぁ

ＪＲ西日本《ジェイアールにしにほん》でも『トワイライトエクスプレス瑞風《みずかぜ》』が走《はし》る予定《よてい》だし、これはクルーズトレインブームが来《く》るかもしれないね

ワクワクするなぁ～！

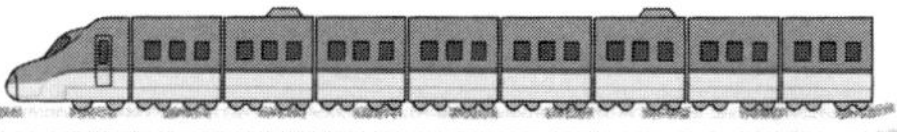

正解《せいかい》

③ 四季島《しきしま》

正解《せいかい》していたら七戸十和田《しちのへとわだ》をぬりつぶそう

『四季島《しきしま》』ってどういう意味《いみ》なん？

春夏秋冬《しゅんかしゅうとう》と季節《きせつ》の移《うつ》り変《か》わりがハッキリとある日本《にほん》は、遠《とお》い昔《むかし》「しきしま」って呼《よ》ばれていたらしいよ。そんな美《うつく》しい四季《しき》おりおりの空間《くうかん》と古来《こらい》より続《つづ》く日本《にほん》の伝統《でんとう》を感《かん》じながらの旅《たび》を、このクルーズトレインでは楽《たの》しめますよ、ってことなんだって。

ええなぁ。なんかとっても高級感《こうきゅうかん》があってドキドキするわ。

走《はし》りだすのは2017年《ねん》だから、もうそんなに先《さき》のことじゃないよね。

でも、『ななつ星《ぼし》in《イン》九州《きゅうしゅう》』みたいに年齢制限《ねんれいせいげん》あったら乗《の》られへんやん。

そのへんもどうなるのか、新《あたら》しい情報《じょうほう》を楽《たの》しみにしていよう！

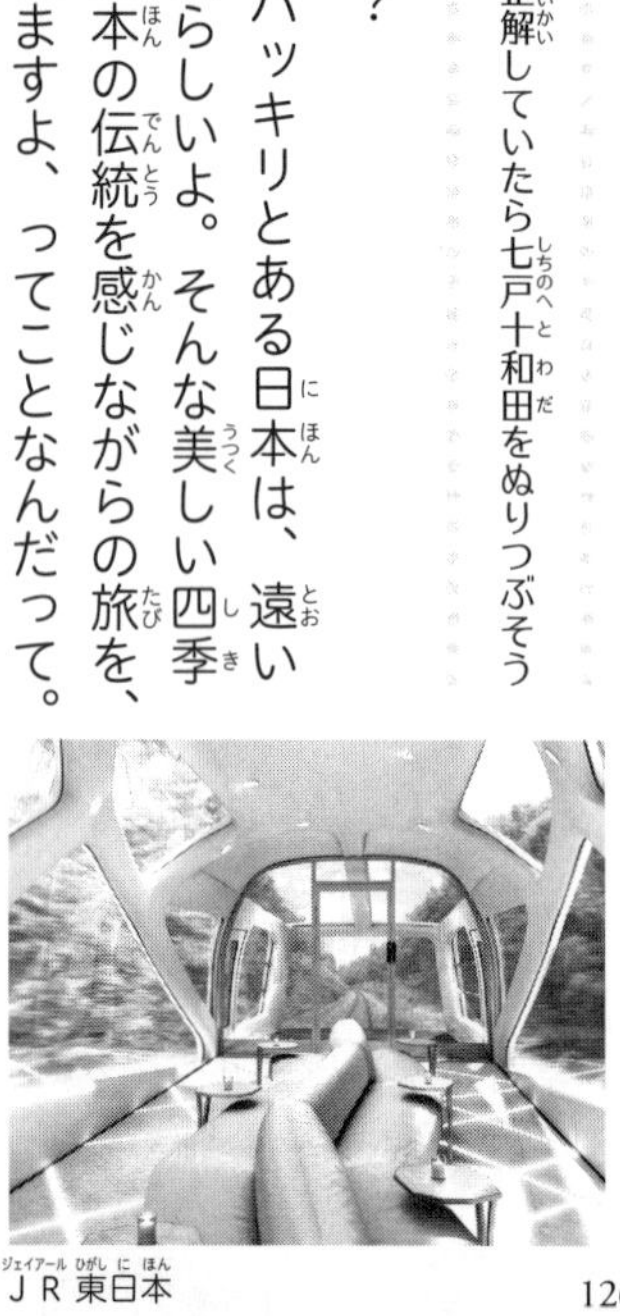

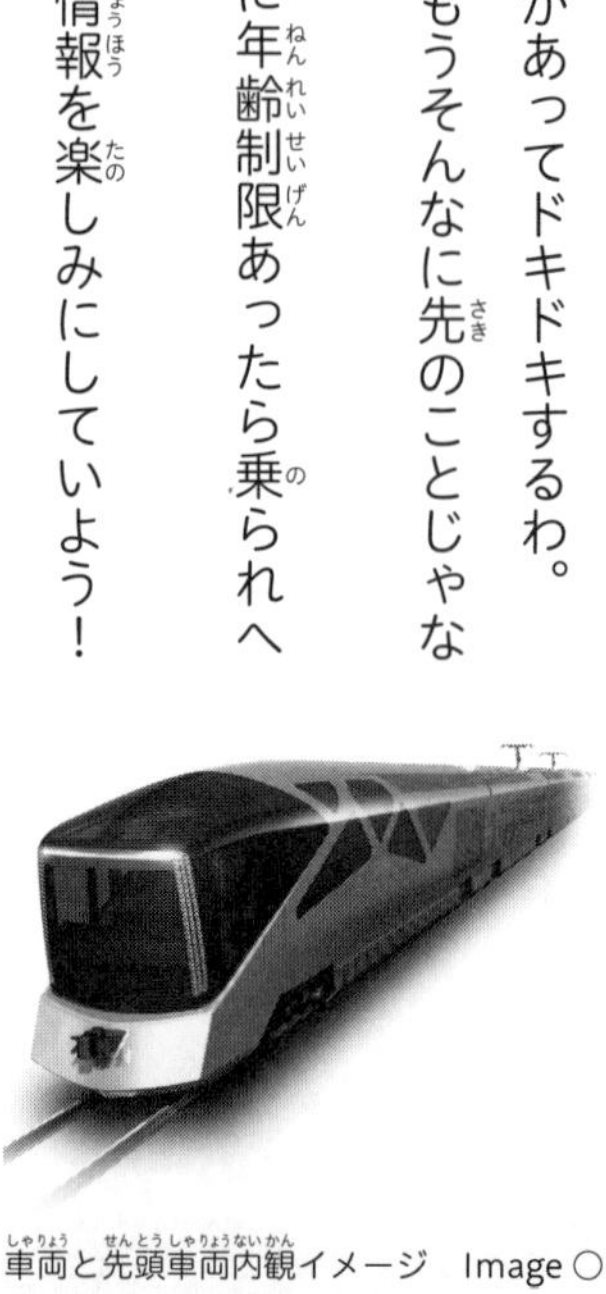

車両《しゃりょう》と先頭車両内観《せんとうしゃりょうないかん》イメージ　Image ○ ＪＲ東日本《ジェイアールひがしにほん》

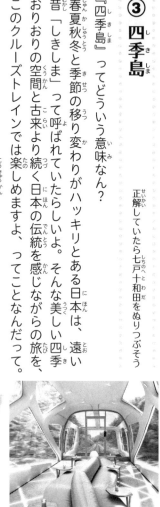

中級《ちゅうきゅう》

20

新幹線《しんかんせん》という名前《なまえ》には、どういう意味《いみ》があるでしょう？

① 新時代《しんじだい》の鉄道《てつどう》

② 新《あたら》しい幹線《かんせん》

③ 新式《しんしき》の線路《せんろ》

④ 東京《とうきょう》〜新大阪《しんおおさか》

Hint!

なんで「新幹線《しんかんせん》」って言《い》うかて〜？　そんなん考《かんが》えたこともないわ〜

そうですよね。昔《むかし》からあたりまえのように、呼《よ》んでますからね

新幹線《しんかんせん》っていつ頃《ごろ》からあるんやろ？

東海道新幹線《とうかいどうしんかんせん》の開業《かいぎょう》は1964（昭和《しょうわ》39）年《ねん》ですから、もう走《はし》りはじめてから50年《ねん》以上《いじょう》ですね

正解《せいかい》

② 新《あたら》しい幹線《かんせん》

正解《せいかい》していたら新青森《しんあおもり》をぬりつぶそう

東海道本線《とうかいどうほんせん》を幹線《かんせん》（主要《しゅよう》な鉄道《てつどう》）というのですが、戦後《せんご》の高度《こうど》成長期《せいちょうき》に東京《とうきょう》〜大阪間《おおさかかん》を移動《いどう》する人《ひと》が増《ふ》えて、東海道本線《とうかいどうほんせん》が朝《あさ》から深夜《しんや》までいっぱいになってしまったんだそうです。乗客数《じょうきゃくすう》がパンクしないよう、東海道本線《とうかいどうほんせん》を増線《ぞうせん》するために、「新《あたら》しい幹線《かんせん》」として企画《きかく》され、そのまま名称《めいしょう》になったようです。

そんなに関西《かんさい》と関東《かんとう》を移動《いどう》する人《ひと》がおったんやなぁ。

やはり日本《にほん》の二大都市《にだいとし》である東京《とうきょう》〜大阪間《おおさかかん》を移動《いどう》するために、お仕事《しごと》をする人《ひと》がたくさん乗《の》っていたんだと思《おも》います。

そう言《い》われれば東海道新幹線《とうかいどうしんかんせん》って、東海道本線《とうかいどうほんせん》のすぐ横《よこ》を走《はし》っているような気《き》がするわ。

はい。ただ、東海道新幹線《とうかいどうしんかんせん》はスピードを出《だ》せるように、トンネルや橋《はし》を使《つか》って東海道本線《とうかいどうほんせん》よりまっすぐに造《つく》られていますよ。

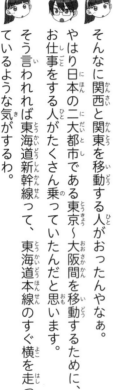

中級
ちゅうきゅう
21

急《きゅう》な坂《さか》などで、機関車《きかんしゃ》のグリップをよくするためにレールにまかれるものは？

① 砂《すな》

② 水《みず》

③ 小麦粉《こむぎこ》

④ 石灰《せっかい》

Hint!

車輪《しゃりん》とレールって両方《りょうほう》ツルツルだから、坂《さか》などではすべることもあるんだ

そっか、車《くるま》だとタイヤがゴムだから、スニーカーみたいに、ピシッと止《と》まれるけどね

鉄道《てつどう》の場合《ばあい》は、これをレールにまいて、グリップをよくするんだよ

※グリップ……車輪《しゃりん》とレールがしっかりと噛《か》み合《あ》う力《ちから》のこと。

正解《せいかい》

① 砂《すな》

正解《せいかい》していたら福島《ふくしま》をぬりつぶそう

蒸気機関車《じょうききかんしゃ》やディーゼル機関車《きかんしゃ》の車輪《しゃりん》の近《ちか》くには「砂箱《すなばこ》」って書《か》かれた部品《ぶひん》があるよ。この砂《すな》をレール上《じょう》にまくと、車輪《しゃりん》がレールと噛《か》み合《あ》ってすべらなくなるんだ。ただ、現在《げんざい》では本物《ほんもの》の砂《すな》ではなく、細《こま》かいセラミックの粒《つぶ》が使《つか》われてるね。

これって蒸気機関車《じょうききかんしゃ》やディーゼル機関車《きかんしゃ》だけの装備《そうび》ですよね？

実《じつ》は「緊急停止用《きんきゅうていしよう》」として、500系《けい》、700系《けい》、800系《けい》をはじめE《イー》5系新幹線《けいしんかんせん》にも搭載《とうさい》されていると聞《き》いたよ。ちなみに、わたらせ渓谷鐵道《けいこくてつどう》では、この砂《すな》を入《い》れたお守《まも》りを作《つく》ったら、年末《ねんまつ》から2月《がつ》くらいにかけて、たくさん売《う》れたそうだよ。

へえ？　鉄道用《てつどうよう》の砂《すな》の入《はい》ったお守《まも》りをですか？
その、ご利益《りやく》は？

受験生《じゅけんせい》が、「すべらない」ようにとね。

中級

ちゅうきゅう

22

日本一《にほんいち》標高《ひょうこう》が高《たか》い場所《ばしょ》にあるJR《ジェイアール》の駅《えき》はどれでしょう？

① 軽井沢《かるいざわ》

② 高尾《たかお》

③ 富士《ふじ》

④ 野辺山《のべやま》

Hint!

JR《ジェイアール》で一番《ばん》高《たか》い場所《ばしょ》？ だっ、だったら……高《たか》い山《やま》の近《ちか》くにあるはずってこと!?

えっ!? それ違《ちが》うんじゃない？

う～ん。軽井沢《かるいざわ》は高原《こうげん》にあったはずだし……高尾《たかお》も高尾山《たかおさん》の近《ちか》くに駅《えき》があったよね？

正解《せいかい》していたら米沢《よねざわ》をぬりつぶそう

正解《せいかい》　④ 野辺山《のべやま》

野辺山《のべやま》はJR《ジェイアール》小海線《こうみせん》にあるんだ。小海線《こうみせん》は山梨県《やまなしけん》の小淵沢《こぶちざわ》から八ケ岳《やつがたけ》のすそ野《の》を通《とお》って、長野県《ながのけん》の小諸《こもろ》まで走《はし》る高原鉄道《こうげんてつどう》だよ。ここはJR《ジェイアール》にある標高《ひょうこう》の高《たか》い駅《えき》、1位《い》から9位《い》まであって、とても気持《きも》ちのいい路線《ろせん》なんだよ。

いいなぁ。高原《こうげん》を走《はし》る列車《れっしゃ》をカメラで撮《と》りたいなぁ。しかも世界初《せかいはつ》の電気《でんき》とディーゼル、両方《りょうほう》を動力源《どうりょくげん》として走《はし》る『ハイブリッド気動車《きどうしゃ》』のキハE《イー》200形《がた》が走《はし》っているんだ。緑《みどり》におおわれた草原《そうげん》でも、真《ま》っ白《しろ》につもった雪《ゆき》の中《なか》でも、とってもかわいく列車《れっしゃ》が撮《と》れると思《おも》うよ。

よし！　JR《ジェイアール》で最《もっと》も高《たか》い位置《いち》にある野辺山《のべやま》へ行《い》って、キハE《イー》200形《がた》と一緒《いっしょ》に記念撮影《きねんさつえい》するぞぉ～!!

Photo ○小笠原未来《おがさわらみらい》（T3）

中級
ちゅうきゅう
23

九州《きゅうしゅう》新幹線《しんかんせん》開業《かいぎょう》10周年《しゅうねん》記念《きねん》の特別企画《とくべつきかく》で、車内《しゃない》で行《おこな》われた学校行事《がっこうぎょうじ》とは？

① 入学式《にゅうがくしき》

② 文化祭《ぶんかさい》

③ 体育祭《たいいくさい》

④ 卒業式《そつぎょうしき》

Hint!

これを、「新幹線《しんかんせん》の中《なか》でやりませんか？」って募集《ぼしゅう》したらしいなあ

私《わたし》なら新幹線結婚式《しんかんせんけっこんしき》やりた〜い！

けっ、結婚式《けっこんしき》!?

せや、ホームで式挙《しきあ》げて、そのまま新幹線《しんかんせん》でハネムーンに……って、上田《うえだ》、なに固《かた》まってんねん！

正解《せいかい》

④ 卒業式《そつぎょうしき》

正解《せいかい》していたら高畠《たかはた》をぬりつぶそう

私《わたし》の結婚式《けっこんしき》と聞《き》いただけで、なにを動揺《どうよう》しとんねん?

アッ、アホかぁ!
そんなことくらいで、俺《おれ》が動揺《どうよう》するか!

……それで800系新幹線《けいしんかんせん》の中《なか》で、卒業式《そつぎょうしき》が行《おこな》われたんやな?

JR九州《ジェイアールきゅうしゅう》が募集《ぼしゅう》した「一生忘《いっしょうわす》れられない卒業式《そつぎょうしき》」には、最終的《さいしゅうてき》に全部《ぜんぶ》で23校《こう》からの応募《おうぼ》があって、選《えら》ばれたのは福岡県福岡市《ふくおかけんふくおかし》の『福岡市立千代小学校《ふくおかしりつちよしょうがっこう》』。2014年《ねん》3月《がつ》18日《にち》に実施《じっし》された時《とき》には、車内《しゃない》にもボディにも**サクラの花《はな》をあしらった、特別《とくべつ》な800系新幹線《けいしんかんせん》6両《りょう》が用意《ようい》されたん**や。そして、博多駅《はかたえき》を9時《じ》49分《ふん》に出発《しゅっぱつ》。車内《しゃない》では卒業証書《そつぎょうしょうしょ》の授与《じゅよ》、保護者《ほごしゃ》へ感謝《かんしゃ》の手《て》紙《がみ》の読《よ》み上《あ》げなど、ちゃんとした卒業式《そつぎょうしき》が行《おこな》われたそうや。

へぇ〜。それは絶対《ぜったい》に忘《わす》れられない卒業式《そつぎょうしき》になったやろな。

卒業式仕様《そつぎょうしきしよう》にラッピングされた九州新幹線《きゅうしゅうしんかんせん》　Photo ○JR九州《ジェイアールきゅうしゅう》

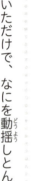

中級
ちゅうきゅう
24

しなの鉄道《てつどう》を走《はし》る、この写真《しゃしん》の観光列車《かんこうれっしゃ》の名前《なまえ》はなんでしょう？

① さんもん

② よんもん

③ ごもん

④ ろくもん

Hint!

「しなの」鉄道《てつどう》ってことは長野県《ながのけん》ですよね？

おっ、さくらちゃん。よく知《し》っているね

時代劇《じだいげき》に出《で》た時《とき》、現在《げんざい》の長野県《ながのけん》の辺《あた》りは「信濃《しなの》」って呼《よ》ばれてたって教《おし》えてもらいました

この列車《れっしゃ》はそんな、信濃《しなの》を走《はし》る観光列車《かんこうれっしゃ》なんだ

正解《せいかい》

④ ろくもん

正解《せいかい》していたら赤湯《あかゆ》をぬりつぶそう

しなの鉄道《てつどう》が2014（平成《へいせい》26）年《ねん》から走《はし》らせている観光列車《かんこうれっしゃ》だよ。夏《なつ》の避暑地《ひしょち》として有名《ゆうめい》な軽井沢《かるいざわ》と、戦国時代《せんごくじだい》の数々《かずかず》の名《めい》所《しょ》が並《なら》ぶ上田《うえだ》を通《とお》って長野《ながの》を結《むす》ぶ列車《れっしゃ》で、大人《おとな》も子供《こども》も楽《たの》しめるようになっているんだ。ろくもんでは「車内《しゃない》での食事《しょくじ》」に気《き》を使《つか》っていて、地元《じもと》の名店《めいてん》が用意《ようい》する豪華《ごうか》な食事《しょくじ》つきの乗車券《じょうしゃけん》があるし、美味《おい》しい三種類《しゅるい》の駅弁《えきべん》も車内《しゃない》の売店《ばいてん》で買《か》えるよ。

いいですねえ。旅先《たびさき》で食《た》べた美味《おい》しいものは、いい思《おも》い出《で》になりますからね。でも、「ろくもん」ってどういう意味《いみ》なんですか？

漢字《かんじ》で書《か》くと「六文《もん》」。「文《もん》」は、江戸時代《えどじだい》まで使《つか》われていたお金《かね》の単位《たんい》だよ。今《いま》でいうと「円《えん》」と同《おな》じかな。その一文銭《もんせん》を6枚並《まいなら》べた図柄《ずがら》『六文銭《ろくもんせん》』を旗印《はたじるし》や家紋《かもん》にしていた真田《さなだ》という武《ぶ》将《しょう》が、信濃《しなの》を治《おさ》めていたことに由来《ゆらい》しているんだ。

Photo ○小林大樹《こばやしだいき》（RGG）

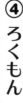

中級《ちゅうきゅう》

25

鳥取《とっとり》〜京都《きょうと》間《かん》を結《むす》ぶ、智頭《ちず》急行《きゅうこう》の特急《とっきゅう》列車《れっしゃ》はなんでしょう？

①スーパーまつかぜ

②スーパーほくと

③スーパーおき

④スーパーはくと

Hint!

うちは京都駅《きょうとえき》で見《み》たことあるかもしれへんなぁ

そうかもしれないね。車体《しゃたい》は青色《あおいろ》で、先頭《せんとう》はズバッ！　ってとがっているかっこいい列車《れっしゃ》だよ！

そんなヒントで、うちがわかるわけないやろ！

正解《せいかい》 ④スーパーはくと

正解《せいかい》していたらかみのやま温泉《おんせん》をぬりつぶそう

『スーパーはくと』は、鳥取県《とっとりけん》、岡山県《おかやまけん》、兵庫県《ひょうごけん》が主体《しゅたい》となって作《つく》られた鉄道会社《てつどうがいしゃ》、智頭急行《ちずきゅうこう》の特急列車《とっきゅうれっしゃ》で、JR西日本《ジェイアールにしにほん》と一緒《いっしょ》に走《はし》らせているんだ。車両《しゃりょう》には、専用《せんよう》に開発《かいはつ》されたHOT《エイチオーティー》7000系《けい》気動車《きどうしゃ》が使《つか》われているんだよ。

気動車《きどうしゃ》なん？ ディーゼルやったら、ゆっくり走《はし》るんやろうなぁ。

萌《もえ》、今《いま》はディーゼルだからって遅《おそ》くはないんだよ。スーパーはくとは**最高時速《さいこうじそく》130km《キロメートル》**で走行《そうこう》し、鳥取《とっとり》～大阪間《おおさかかん》だったら約《やく》2時間半《じかんはん》で走《はし》り抜《ぬ》けるんだから！

ふわぁ～。そんなん、もう電車《でんしゃ》と全然《ぜんぜん》変《か》わらへんやんか。しかし、②の『スーパーほくと』が、ややこしいちゅうねん！

『スーパー北斗《ほくと》』って北海道《ほっかいどう》を走《はし》る特急列車《とっきゅうれっしゃ》なんだ。一字《じ》違《ちが》いで紛《まぎ》らわしいよね。みんなは引《ひ》っかからなかったかな？

Photo ○荒川好夫《あらかわよしお》（RGG）

中級
ちゅうきゅう
26

三重県《みえけん》の伊賀鉄道《いがてつどう》の車両《しゃりょう》に描《か》かれているものは、次《つぎ》のうちどれでしょう？

① くり

② うま

③ 忍者《にんじゃ》

④ お城《しろ》

Hint!

歴史《れきし》が大好《だいす》きなみなさんは「伊賀《いが》」と聞《き》いただけで、すぐにわかるでしょう

ひょっとして……

徳川家康《とくがわいえやす》につかえた服部《はっとり》半蔵《はんぞう》さんの出身地《しゅっしんち》は、伊賀鉄道《いがてつどう》さんの走《はし》っている地域《ちいき》ですよね

服部半蔵《はっとりはんぞう》さんって、あの有名《ゆうめい》な人《ひと》のことよね！

正解《せいかい》

正解《せいかい》していたら山形《やまがた》をぬりつぶそう

③ 忍者《にんじゃ》

昔《むかし》から伊賀《いが》は忍者《にんじゃ》で有名《ゆうめい》だったので、伊賀鉄道《いがてつどう》も車体《しゃたい》に忍者《にんじゃ》を描《か》いたんですね。正面《しょうめん》には忍者《にんじゃ》の目《め》があってインパクト抜群《ばつぐん》。床《ゆか》には石畳《いしだたみ》、車《くるま》いすスペースの壁《かべ》には板塀《いたべい》がプリントされた車両《りょう》もありますし、網棚《あみだな》には忍者《にんじゃ》のマネキンが潜《ひそ》んでいます！

すご〜い。**忍者屋敷《にんじゃやしき》みたい**だね!!

終点《しゅうてん》の伊賀上野《いがうえの》の近《ちか》くには、本物《ほんもの》の忍者屋敷《にんじゃやしき》もありますからね！　京都《きょうと》の本能寺《ほんのうじ》で織田信長《おだのぶなが》が明智光秀《あけちみつひで》に裏切《うらぎ》られた時《とき》、徳川家康《とくがわいえやす》も大阪《おおさか》の堺《さかい》にいて命《いのち》をねらわれました。ですが、伊賀忍者《いがにんじゃ》・服部半蔵《はっとりはんぞう》の助《たす》けを借《か》り、奈良《なら》、三重《みえ》を通《とお》り抜《ぬ》けて無事《ぶじ》に故郷《きょう》である愛知県三河《あいちけんみかわ》へ戻《もど》ることができたそうですよ。

忍者電車《にんじゃでんしゃ》に乗《の》って忍者屋敷《にんじゃやしき》に行《い》けるなんて楽《たの》しいね！　あれ？　もしかして……大樹君《たいきくん》、忍者好《にんじゃず》き？

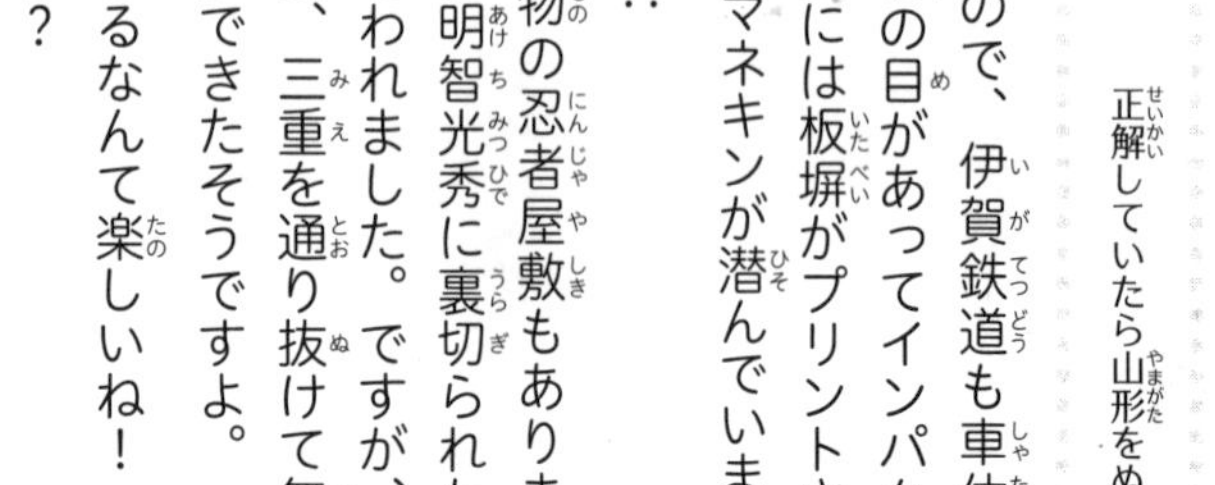

Photo ◯小林大樹《こばやしだいき》（RGG）

中級
ちゅうきゅう
27

東京《とうきょう》〜伊豆《いず》方面《ほうめん》の間《あいだ》を走《はし》るJR《ジェイアール》の特急《とっきゅう》の名前《なまえ》は？

① しおさい

② はやぶさ

③ 踊《おど》り子《こ》

④ あずさ

Hint!

伊豆《いず》へ向《む》かう特急《とっきゅう》？

そうです。この特急名《とっきゅうめい》は、有名《ゆうめい》な小説《しょうせつ》のタイトルから付《つ》けられているんです

有名《ゆうめい》な小説《しょうせつ》ぅ？　そんなん、よけいわからへんわ

みさきさん。コミックだけじゃなく、本《ほん》も読《よ》んだほうがいいですよ

あはは……そっ、そうね

正解《せいかい》

正解《せいかい》していたら天童《てんどう》をぬりつぶそう

③ 踊《おど》り子《こ》

関東《かんとう》の大人気《だいにんき》の観光地《かんこうち》である、伊豆急下田《いずきゅうしもだ》や修善寺《しゅぜんじ》へ向《む》かって走《はし》る特急《とっきゅう》『踊《おど》り子《こ》』にはたくさんの種類《しゅるい》があります。たとえば、JR《ジェイアール》の185系《けい》で運転《うんてん》される『踊《おど》り子《こ》』や、251系《けい》を使用《しよう》する『スーパービュー踊《おど》り子《こ》』、さらに伊豆急行《いずきゅうこう》の車両《しゃりょう》の『アルファ・リゾート21』を使用《しよう》する『リゾート踊《おど》り子《こ》』などですね。

伊豆《いず》って大人気《だいにんき》なんやねぇ。

そうですね。太平洋《たいへいよう》に大《おお》きく突《つ》き出《だ》している伊豆《いず》の海岸《かいがん》は、夏《なつ》には海水浴《かいすいよく》ができ、半島中央《はんとうちゅうおう》の高原《こうげん》も涼《すず》しく過《す》ごしやすいのです。それに河津《かわづ》には『河津桜《かわづざくら》』といって一足早《ひとあしはや》く桜《さくら》を見《み》られるスポットもあって、年中《ねんじゅう》たくさんの人《ひと》が訪《おとず》れます。そんな伊豆《いず》が舞台《ぶたい》になった、川端康成《かわばたやすなり》の短編小説《たんぺんしょうせつ》が『伊豆《いず》の踊子《おどりこ》』です。

特急《とっきゅう》の名前《なまえ》になった小説《しょうせつ》、今度読《こんどよ》んでみようかな!

185系《けい》踊《おど》り子《こ》 Photo○米村博行《よねむらひろゆき》(RGG)

中級
ちゅうきゅう
28

このトロッコ列車《れっしゃ》の名前《なまえ》はなんでしょう？

① 奥出雲《おくいずも》おろち号《ごう》

② 流氷《りゅうひょう》ノロッコ号《ごう》

③ トロッコわっしー号《ごう》

④ 大歩危《おおぼけ》トロッコ号《ごう》

Hint!

そもそもトロッコってなんやねん？

そっからか!?　みさき

みんなも知《し》らんと、なんとなしに「トロッコ、トロッコ」って言《い》うてるんちゃう？

トロッコちゅうのんは、簡単《かんたん》に言《い》うたら、貨車《かしゃ》ってことやな

正解《せいかい》 ① 奥出雲《おくいずも》おろち号《ごう》

正解《せいかい》していたらさくらんぼ東根《ひがしね》をぬりつぶそう

『奥出雲《おくいずも》おろち号《ごう》』は、専用《せんよう》のディーゼル機関車《きかんしゃ》で運行《うんこう》されとるのが特徴《とくちょう》や。**青《あお》と白《しろ》のツートンカラー**にぬられたＤＥ《ディーイー》15形《がた》は、ここにしかないんやで。

そうなん!? たしかにトロッコとデザインを合《あ》わせたペイントがされてて、きれいやなぁ。

せやろ。けどこれは観光《かんこう》シーズンを中心《ちゅうしん》に走《はし》っとる臨時列車《りんじれっしゃ》やねん。出雲市《いずもし》から木次《きすき》と、木次《きすき》〜備後落合《びんごおちあい》間《かん》を走《はし》ってて、車内《しゃない》ではお弁当《べんとう》やおそばとか、沿線《えんせん》の名産品《めいさんひん》が売《う》られてるんやてぇ。

トロッコやったら窓《まど》ガラスもないから、風《かぜ》が気持《きも》ちええやろうなぁ。

それがトロッコ列車《れっしゃ》のだいご味《み》やな。しかも、トンネル内《ない》では天井《てんじょう》に「おろち」のイルミネーションが輝《かがや》いたりするねんで！

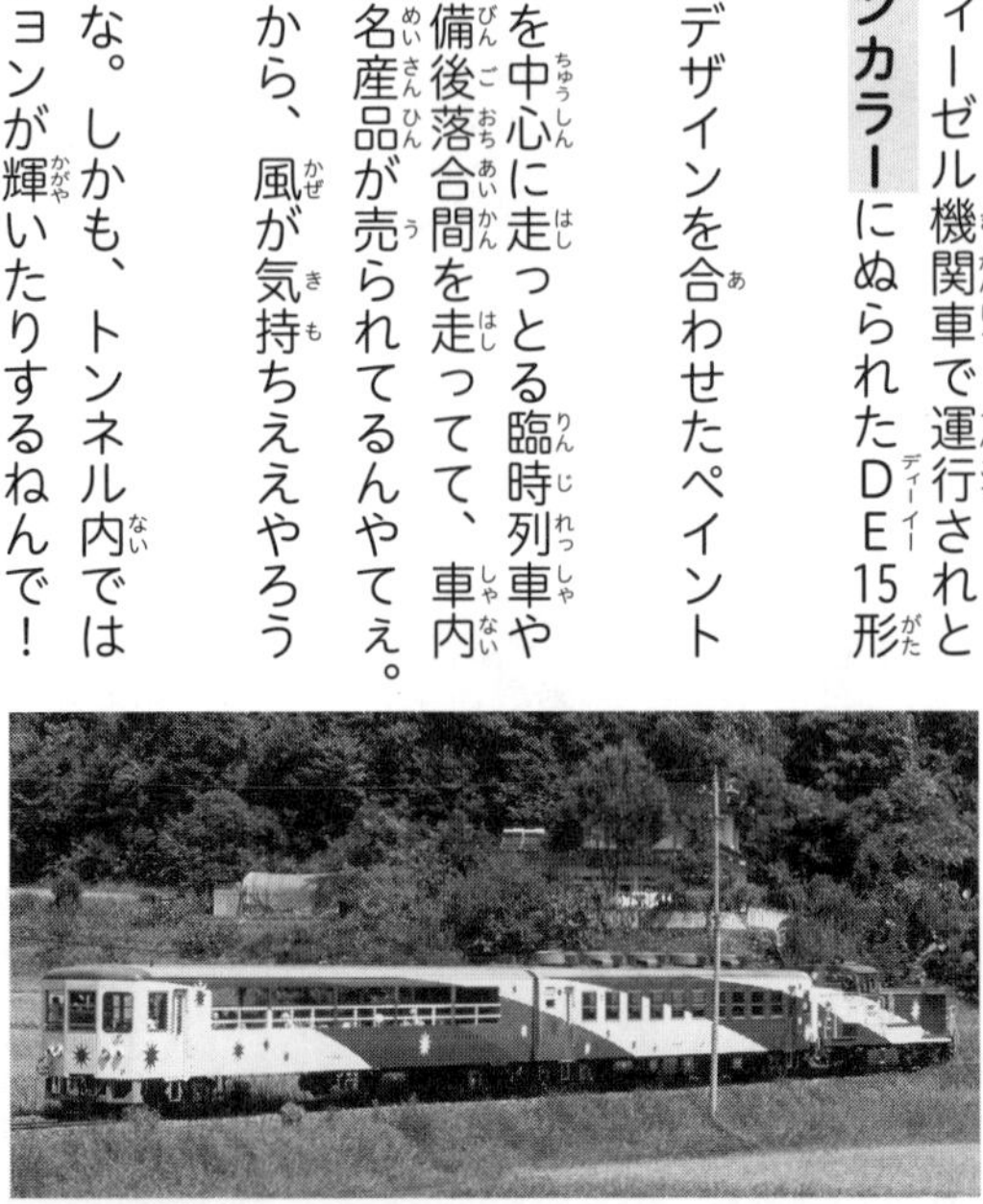

Photo ○荒川好夫《あらかわよしお》（RGG）

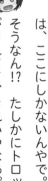

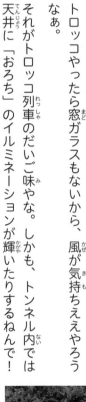

中級
ちゅうきゅう
29

JR《ジェイアール》では、終電《しゅうでん》を見送《みおく》った駅員《えきいん》さんは、そのあと主《おも》にどうするでしょう？

① 駅員専用列車《えきいんせんようれっしゃ》で帰《かえ》る

② タクシーで帰《かえ》る

③ 始発用列車内《しはつようれっしゃない》で寝《ね》る

④ 駅《えき》にいる

Hint!

そう言《い》われたら不思議《ふしぎ》だなぁ。駅員《えきいん》さんは終電《しゅうでん》まで駅《えき》にいなくちゃいけないし、始発《しはつ》までには駅《えき》を開《あ》けるんだもんね

駅員《えきいん》さんは、その間《あいだ》どう過《す》ごしているのかな？

私《わたし》だったらホテルに泊《と》まっちゃうなぁ

さすがお嬢様《じょうさま》……

正解《せいかい》していたら村山《むらやま》をぬりつぶそう

④駅《えき》にいる

終電《しゅうでん》が出《で》てしまったら駅《えき》の業務《ぎょうむ》はもうないと思《おも》っているかもしれないけど、実《じつ》は回収《かいしゅう》したきっぷの整理《せいり》や、機械《きかい》の整備《せいび》、翌日《よくじつ》の営業《えいぎょう》へ向《む》けての確認《かくにん》作業《さぎょう》や、清掃《せいそう》などがあるんだ。

えーーーっ!? 駅員《えきいん》さんってお家《うち》へ帰《かえ》れないのぉ〜。シャッターの向《む》こうでは、まだまだ作業《さぎょう》をしていたのね。すごい!!

JR《ジェイアール》では深夜《しんや》に貨物列車《かもつれっしゃ》が通《とお》る駅《えき》もたくさんあるし、線路保守《せんろほしゅ》作業《さぎょう》を行《おこな》うことも多《おお》くて、夜《よる》でも忙《いそが》しいみたい。そうこうしているうちに、朝《あさ》4時《じ》か5時《じ》には始発《しはつ》が走《はし》りだすから、帰《かえ》るより**交代《こうたい》で仮眠《かみん》を取《と》る**ほうが楽《らく》なんだって。

そんな忙《いそが》しいのに仮眠《かみん》を取《と》って、寝過《ねす》ごすとかないのかな?

起床時刻《きしょうじこく》になると背中《せなか》の下《した》で空気袋《くうきぶくろ》がふくらんだり縮《ちぢ》んだりして起《お》こされる、特製目覚《とくせいめざ》ましを置《お》いてる所《ところ》もあるんだって〜。

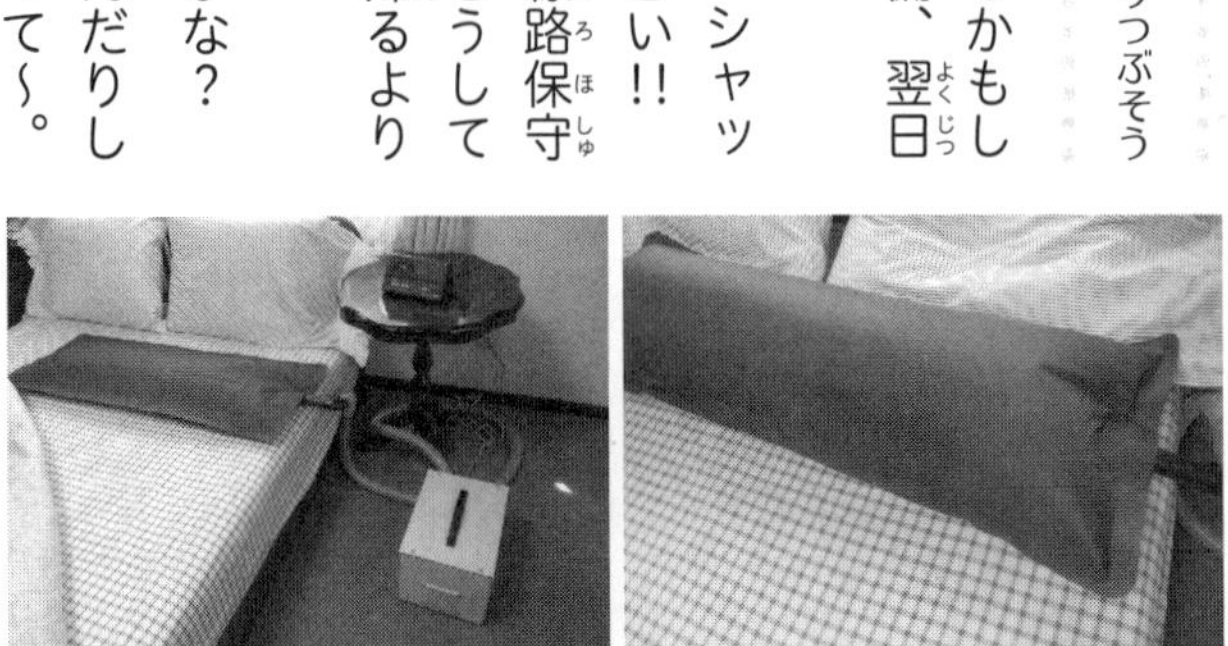

新光電業《しんこうでんぎょう》の『定刻起床装置《ていこくきしょうそうち》　個人簡易型《こじんかんいがた》（やすらぎ）』。
時間《じかん》になると膨《ふく》らんで起《お》こしてくれる

中級《ちゅうきゅう》
30

次《つぎ》の駅名《えきめい》のうち、本当《ほんとう》にあるのはどれでしょう？

①おれだ

②あいつだ

③おまえだ

④こいつだ

Hint!

刑事《けいじ》ドラマに出《で》てきそうなセリフばっかり……。本当《ほんとう》に正解《せいかい》があるの？

それがちゃんとあるんやなぁ。この駅《えき》があるのは関東《かんとう》で、ここはもともとそういう地名《ちめい》で、地元《じもと》の人《ひと》からすれば、不思議《ふしぎ》なことは全然《ぜんぜん》あらへんねん

おもしろいなぁ！

正解《せいかい》 ③ おまえだ

正解《せいかい》していたら大石田《おおいしだ》をぬりつぶそう

うっ、上田君《うえだくん》……本当《ほんとう》にぃ～？

ちょ、そんなにうたがわんといてや。これは埼玉県《さいたまけん》にある秩父《ちちぶ》鉄道秩父本線《てつどうちちぶほんせん》にあって、漢字《かんじ》では**小前田《おまえだ》**って書《か》く駅《えき》やねん。

そういうことかぁ。「こまえだ」じゃないんだね。

せっかくやから、ちょっと変《か》わった名前《なまえ》の駅《えき》を紹介《しょうかい》すると、千《ち》葉県《ばけん》のJR《ジェイアール》久留里線《くるりせん》には**久留里《くるり》**なんて一回《ひとまわ》りしてしまいそうな駅《えき》があったり、秋田県《あきたけん》の秋田内陸縦貫鉄道《あきたないりくじゅうかんてつどう》には**笑内《おかしない》**って笑《わら》うのを止《や》めてまいそうな駅《えき》もあるんや。

そうだ！　私《わたし》の名前《なまえ》の「さくら」がついた駅名《えきめい》はないのかな？

これが、割《わり》とあるんや。兵庫県《ひょうごけん》のJR《ジェイアール》東海道本線《とうかいどうほんせん》に**さくら夙《しゅく》川《がわ》**、秋田県《あきたけん》のJR《ジェイアール》奥羽本線《おううほんせん》には**井川《いかわ》さくら**があるわ。

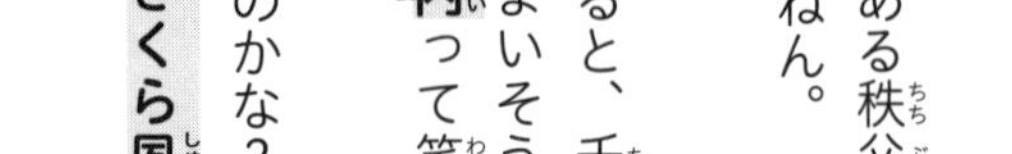

Photo ○荒川好夫《あらかわよしお》（RGG）

中級
ちゅうきゅう
31

日本《にほん》で最初《さいしょ》の地下鉄《ちかてつ》は、どこからどこまでを走《はし》ったでしょう？

① 新橋《しんばし》〜横浜《よこはま》

② 大阪《おおさか》〜難波《なんば》

③ 浅草《あさくさ》〜上野《うえの》

④ 渋谷《しぶや》〜新宿《しんじゅく》

Hint!

地下鉄《ちかてつ》って最初《さいしょ》は京都《きょうと》やなかったんや

今《いま》じゃ東京《とうきょう》、大阪《おおさか》、横浜《よこはま》、そして京都《きょうと》にも地下鉄《ちかてつ》はあるんだけどね

最初《さいしょ》の地下鉄《ちかてつ》っていつ頃《ごろ》造《つく》られたんですぅ？

開業《かいぎょう》は1927（昭和《しょうわ》2）年《ねん》だから今《いま》から約《やく》90年《ねん》前《まえ》くらいなんだ

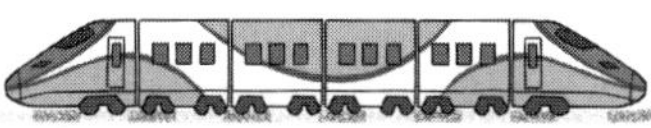

正解《せいかい》していたら新庄《しんじょう》をぬりつぶそう

③ 浅草《あさくさ》〜上野《うえの》

1927（昭和《しょうわ》2）年《ねん》に**浅草《あさくさ》〜上野間《うえのかん》**、たった**2.2km《キロメートル》**で開業《かいぎょう》したんだ。距離《きょり》が短《みじか》いから、乗車時間《じょうしゃじかん》は約《やく》5分《ふん》だったそうだよ。

そんなん歩《ある》けるような距離《きょり》やん？　遠藤《えんどう》さん。

あっははは、確《たし》かにそうだね、萌《もえ》ちゃん。だけど、開業日《かいぎょうび》にはお客《きゃく》さんが約《やく》10万人《まんにん》も集《あつ》まってしまって、地下鉄《ちかてつ》に乗《の》ろうとする行列《ぎょうれつ》が2.2km《キロメートル》以上《いじょう》にもなったらしい。待《ま》ち時間《じかん》も2〜3時間《じかん》もかかったようだよ。

へぇ〜やっぱり日本《にほん》で初《はじ》めてちゅうことで、めずらしかったんやろうなぁ。その頃《ころ》の乗車料金《じょうしゃりょうきん》ってどのくらいやったんやろ？

料金《りょうきん》は片道《かたみち》**10銭《せん》**だったんだ。「銭《せん》」は昔《むかし》のお金《かね》の単位《たんい》だよ。10銭《せん》は今《いま》でいうと1000円《えん》くらいだから、かなり高《たか》かったんだね。

中級
ちゅうきゅう
32

単線《たんせん》はレールが2本《ほん》敷《し》かれていますが、複々線《ふくふくせん》のレールは何本《なんぼん》でしょうか？

① 4本《ほん》

② 6本《ぼん》

③ 8本《ぼん》

④ 10本《ぼん》

Hint!

「単線《たんせん》」って、上《のぼ》りも下《くだ》りも同《おな》じ１組《くみ》の線路《せんろ》を使《つか》う状態《じょうたい》だよね。だからレールは２本《ほん》になるよね

そこまでは、未来《みらい》でもわかっているんだね～

それくらいわかるって！「複線《ふくせん》」は上下線《じょうげせん》で１組《くみ》ずつの線路《せんろ》だから……？

さぁ、何本《なんぼん》かな？

正解《せいかい》

③ 8本《ぼん》

正解《せいかい》していたら盛岡《もりおか》をぬりつぶそう

複々線《ふくふくせん》っていうのは**上下線《じょうげせん》の線路《せんろ》が、それぞれ2組《くみ》ずつ**あるって状態《じょうたい》なんだ。1組《くみ》の線路《せんろ》には2本《ほん》ずつレールを使《つか》っているから、4線《せん》で合計《ごうけい》で8本《ぼん》ってこと。ちなみに、さらに上《のぼ》りや下《くだ》りの一方向《いちほうこう》に向《む》かって3線《せん》ずつ敷《し》いてあるのは「三複線《さんふくせん》」、4線《せん》になったら「四複線《よんふくせん》」って言《い》うんだ。

上下線《じょうげせん》が4本《ほん》ずつって……、そんな名前《なまえ》まであるのね。でも、日本《にほん》に「四複線《よんふくせん》」なんてあるの!?

もちろん、あるよ! 東京都《とうきょうと》の新宿《しんじゅく》〜代々木間《よよぎかん》は、「山手線《やまのてせん》」「中央《ちゅうおう》・総武線《そうぶせん》」「中央線快速《ちゅうおうせんかいそく》」「湘南新宿《しょうなんしんじゅく》ラインなどが使用《しよう》する貨物線《かもつせん》」があって複線《ふくせん》が4つ並《なら》んでいるんだ。

ふわぁ〜やっぱり東京《とうきょう》って鉄道《てつどう》もすごいのねぇ。

※単線《たんせん》でも、在来線《ざいらいせん》と新幹線《しんかんせん》の線路《せんろ》を共有《きょうゆう》するため、レールが3本《ぼん》敷《し》かれている区間《くかん》もあります。

新宿《しんじゅく》〜代々木間《よよぎかん》の線路《せんろ》　Photo ○小笠原未来《おがさわらみらい》（T3）

中級
ちゅうきゅう
33

2016年《ねん》3月《がつ》に、北海道新幹線《ほっかいどうしんかんせん》はどこまで開業《かいぎょう》する予定《よてい》でしょう？

① 室蘭《むろらん》

② 札幌《さっぽろ》

③ 旭川《あさひかわ》

④ 函館《はこだて》

Hint!

さあ！　ついに北海道《ほっかいどう》に新幹線《しんかんせん》が上陸《じょうりく》するでぇ～

へえ？　そうなん？　北海道新幹線《ほっかいどうしんかんせん》なんてもっと先《さき》のことやと思《おも》てたわ

もうすぐやっちゅうねん！　行《い》くぜ、北海道《ほっかいどう》！

北陸新幹線《ほくりくしんかんせん》が開業《かいぎょう》したばかりやのに、ＪＲ《ジェイアール》さんはほんますごいなぁ

正解《せいかい》していたら雫石《しずくいし》をぬりつぶそう

正解《せいかい》

④ 函館《はこだて》

函館《はこだて》はええなぁ〜。明治時代《めいじじだい》の建物《たてもの》が残《のこ》るオシャレな町並《まちな》み、イカやイクラをドカッと乗《の》せた海鮮丼《かいせんどん》が食《た》べられる朝市《あさいち》。100万《まん》ドルって言《い》われる美《うつく》しい夜景《やけい》……、私《わたし》にピッタリの町《まち》やん♪

あのなぁ、函館《はこだて》はそんなことだけやのうて、鉄道《てつどう》ファンとしても、一度《いちど》は行《い》かなあかん町《まち》やねんぞ。

なんか、ええもんでもあんの？

函館《はこだて》には路面電車《ろめんでんしゃ》が通《とお》っとるんや。函館市内《はこだてしない》の主《おも》な観光地《かんこうち》を結《むす》ぶように走《はし》っとるさかい、どこへ行《い》くにもめっちゃ便利《べんり》なんや。

こうなったらKTT《ケーティーティー》で行《い》くしかないな。新幹線《しんかんせん》で函館《はこだて》へ行《い》って海鮮丼《かいせんどん》！　100万《まん》ドル！

みさき……、俺《おれ》の話《はなし》をなんも聞《き》いてへんやろ？

中級
ちゅうきゅう
34

『成田《なりた》スカイアクセス』は、どの鉄道会社《てつどうがいしゃ》の路線《ろせん》の愛称《あいしょう》でしょう？

① 東武鉄道《とうぶてつどう》

② 小田急電鉄《おだきゅうでんてつ》

③ 京成電鉄《けいせいでんてつ》

④ 京浜急行電鉄《けいひんきゅうこうでんてつ》

Hint!

成田《なりた》スカイアクセスって？　ひょっとして、成田《なり》空港《たくうこう》まで行《い》く路線《ろせん》なん？

そうだね。成田空港《なりたくうこう》へは、この鉄道会社《てつどうがいしゃ》とＪＲ《ジェイアール》しか乗《の》り入《い》れていないんだよ

関西国際空港《かんさいこくさいくうこう》に行《い》く電車《でんしゃ》やったら、ＪＲ《ジェイアール》か南海電鉄《なんかいでんてつ》やねんけどなぁ……

③ 京成電鉄《けいせいでんてつ》

正解《せいかい》していたら田沢湖《たざわこ》をぬりつぶそう

正式名称《せいしきめいしょう》は「京成成田空港線《けいせいなりたくうこうせん》」。2010（平成《へいせい》22）年《ねん》7月《がつ》17日《にち》に全線《ぜんせん》が開通《かいつう》した時《とき》に、京成電鉄《けいせいでんてつ》ではこの路線《ろせん》の愛称《あいしょう》を『成田《なりた》スカイアクセス』にしたんだ。上野《うえの》から発車《はっしゃ》する京成電鉄《けいせいでんてつ》の空港特急《くうこうとっきゅう》『スカイライナー』は、東京《とうきょう》の東側《ひがしがわ》に住《す》む人《ひと》たちにはとても便利《べんり》な電車《でんしゃ》なんだよ。

成田空港《なりたくうこう》に行《い》くのは、JR《ジェイアール》の『成田《なりた》エクスプレス』だけかと思《おも》ってたわ。

成田《なりた》スカイアクセスを走《はし》る「京成《けいせい》AE《エーイー》形《がた》電車《でんしゃ》」は新幹線《しんかんせん》をのぞく国内最高速度《こくないさいこうそくど》の**時速《じそく》160km《キロメートル》**で走《はし》るんだよ。

ひっ、160km《キロメートル》!? めっちゃ速《はや》ない？

シートに本革《ほんがわ》を使《つか》ったりして、車内《しゃない》はとても高級感《こうきゅうかん》があるんだ。電車《でんしゃ》に乗《の》るだけでも楽《たの》しいよ！

スカイライナー　Photo ○松本正敏《まつもとまさとし》（RGG）

中級
ちゅうきゅう
35

日本《にほん》では大井川鐵道《おおいがわてつどう》だけにある、急《きゅう》こう配《ばい》を登《のぼ》るための特別《とくべつ》な装置《そうち》は？

① アプト式《しき》

② ループ式《しき》

③ ロヒャー式《しき》

④ アガリ式《しき》

Hint!

大井川鐵道《おおいがわてつどう》？

静岡県《しずおかけん》の金谷《かなや》～井川間《いかわかん》の約《やく》65 km《キロメートル》を走《はし》る私鉄《してつ》です。蒸気機関車《じょうききかんしゃ》を走《はし》らせていることで有名《ゆうめい》ですよ

ここには急《きゅう》こう配《ばい》があるの？　急《きゅう》こう配《ばい》って、急《きゅう》な斜面《しゃめん》のことでしょ？

はい。1 km《キロメートル》進《すす》むと、高《たか》さが90 m《メートル》も上《あ》がります！

① アプト式《しき》

正解《せいかい》していたら角館《かくのだて》をぬりつぶそう

アプトいちしろ〜長島《ながしま》ダム間《かん》は、1㎞《キロメートル》走《はし》る間《あいだ》に高《たか》さが90ｍ《メートル》も上《あ》がってしまうため、『アプト式《しき》』でない鉄道《てつどう》は走《はし》れません。

普通《ふつう》のレールとアプト式《しき》とはなにが違《ちが》うの？

通常《つうじょう》のレールの間《あいだ》に、ギザギザの歯形《はがた》をした特別《とくべつ》なレールが敷《し》いてあり、そこに噛《か》み合《あ》わせる歯車《はぐるま》を装備《そうび》した特別《とくべつ》な機関車《きかんしゃ》を使《つか》って走行《そうこう》するんです。特別《とくべつ》なレールを**ラックレール**、歯車《はぐるま》を**ラックホイールピニオン**というんですよ。

なるほど、歯車《はぐるま》と噛《か》み合《あ》わせれば、すべらないし、確実《かくじつ》に登《のぼ》り降《お》りできるようになるもんね。

そうなんです。この方式《ほうしき》で走《はし》る鉄道《てつどう》は、日本《にほん》ではここだけなんですよ。ちなみにアプト式《しき》の「アプト」は、この方法《ほうほう》を開発《かいはつ》したカール・ローマン・アプトさんの名前《なまえ》から取《と》ったそうです。

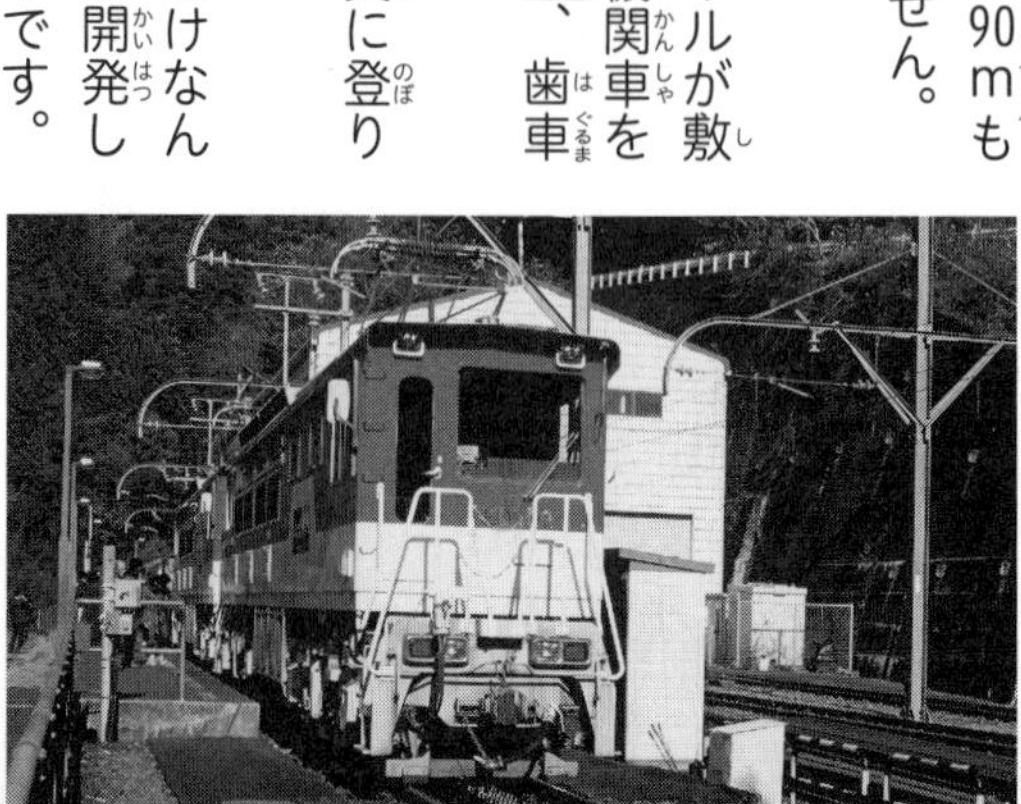

Photo ◯ 荒川好夫《あらかわよしお》（RGG）

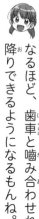

中級《ちゅうきゅう》

36

京阪電気鉄道《けいはんでんきてつどう》が、京都《きょうと》方面《ほうめん》から浜大津《はまおおつ》へ向《む》かう際《さい》に通《とお》る意外《いがい》な場所《ばしょ》とは？

① 川《かわ》の中《なか》

② 道路《どうろ》

③ 洞窟《どうくつ》

④ 浜辺《はまべ》

Hint!

浜大津《はまおおつ》は雄太君《ゆうたくん》と行《い》ったことあるで。京津線《けいしんせん》って路線《ろせん》でな、最初《さいしょ》は地下鉄《ちかてつ》なんやけども、途中《とちゅう》から山岳鉄道《さんがくてつどう》になって……

えーっ！　それだけでもびっくりなんだけど、どこを通《とお》る電車《でんしゃ》なの！?

ふふふっ、未来《みらい》ちゃんも一度《いちど》乗《の》ってみてよ！

正解《せいかい》

正解《せいかい》していたら大曲《おおまがり》をぬりつぶそう

② 道路《どうろ》

京阪電気鉄道《けいはんでんきてつどう》の京津線《けいしんせん》は**路面電車《ろめんでんしゃ》やないのに**、普通《ふつう》の電車《でんしゃ》と同《おな》じくらいの大《おお》きさの車両《しゃりょう》が、**道路《どうろ》の真《ま》ん中《なか》をどうどうと走《はし》る**ねん。４両編成《りょうへんせい》が自動車《じどうしゃ》を抜《ぬ》いていったりするんやでぇ。

関東《かんとう》だと、江《え》ノ島電鉄《しまでんてつ》の江《え》ノ島《しま》〜腰越《こしごえ》の間《あいだ》とか、都電荒川線《とでんあらかわせん》の町屋駅前《まちやえきまえ》〜熊野前《くまのまえ》なんかに道路《どうろ》と並行《へいこう》して走《はし》っている区間《くかん》があるけど、車両《しゃりょう》は短《みじか》いものなのよ。

私《わたし》も神戸《こうべ》に住《す》んでるけど、雄太君《ゆうたくん》と一緒《いっしょ》に乗《の》るまでは、そんな場所《ばしょ》があるなんて知《し》らんかったんよ。鉄道《てつどう》って身近《みぢか》な場所《ばしょ》でも新発見《しんはっけん》があるねんな。ちなみに、京阪電気鉄道《けいはんでんきてつどう》は、ダブルデッカー車《しゃ》とか、車内《しゃない》でテレビが見《み》られるテレビカーなんかを走《はし》らせていた、とってもおもしろい鉄道会社《てつどうがいしゃ》さんなんよ。

あ〜そういえば、上田君《うえだくん》も「京阪《けいはん》が大好《だいす》き」って言《い》っていたね。

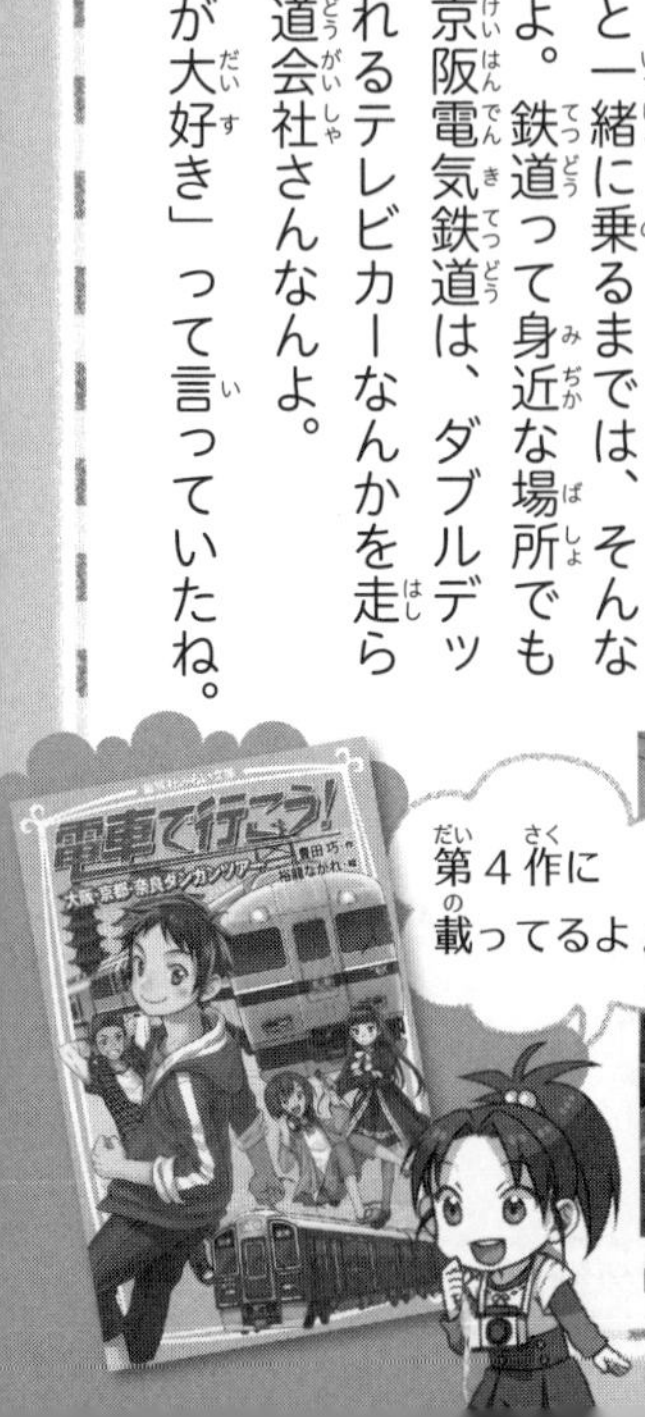

第《だい》４作《さく》に載《の》ってるよ！

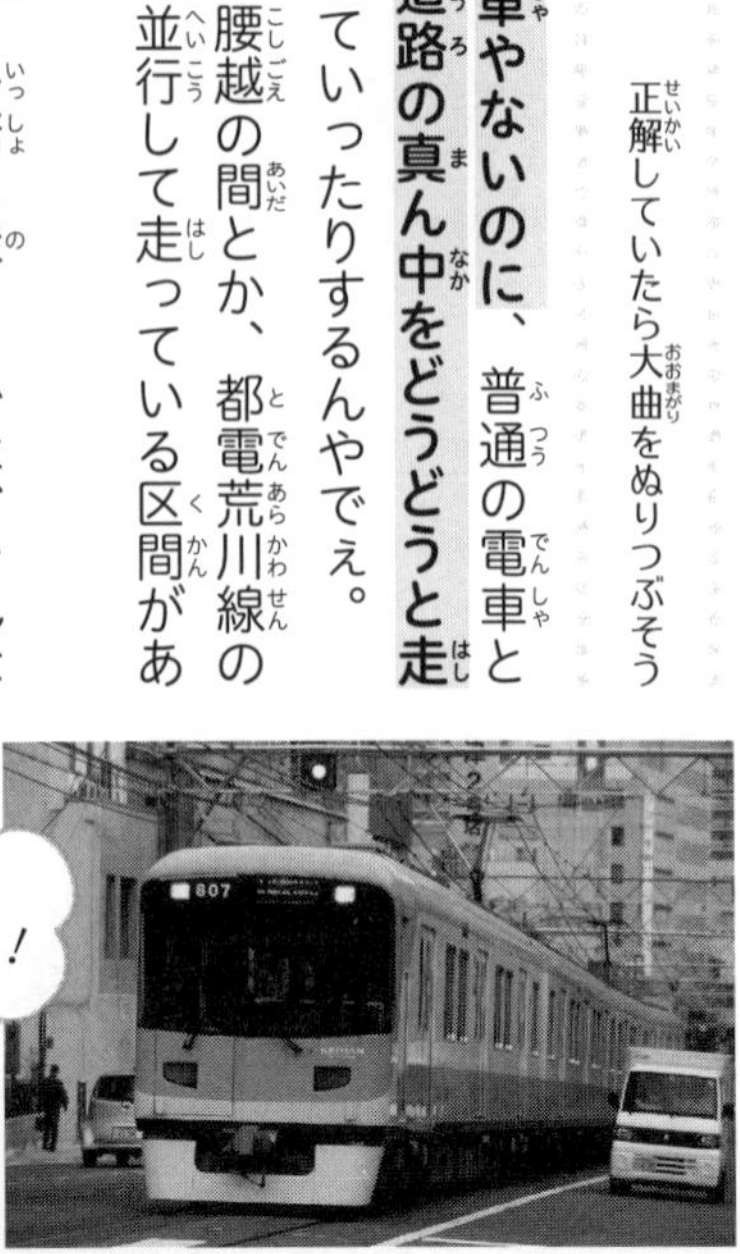

Photo ©小林大樹《こばやしだいき》（RGG）

中級
ちゅうきゅう
37

宮崎《みやざき》〜南郷間《なんごうかん》を走《はし》る、リゾート特急列車《とっきゅうれっしゃ》はどれでしょう？

① A《エー》列車《れっしゃ》で行《い》こう

② ゆふいんの森《もり》

③ はやとの風《かぜ》

④ 海幸山幸《うみさちやまさち》

Hint!

これは有名《ゆうめい》な観光列車《かんこうれっしゃ》やから、きっとみんなわかるやろな

久《ひさ》しぶりに宮崎《みやざき》に特急列車《とっきゅうれっしゃ》が登場《とうじょう》！　地元《じもと》でも大人気《だいにんき》なんだって〜

九州《きゅうしゅう》はほんまに、おもろい列車《れっしゃ》がいっぱい走《はし》っとる、鉄道王国《てつどうおうこく》になっとんなぁ

正解《せいかい》

正解《せいかい》していたら秋田《あきた》をぬりつぶそう

④ 海幸《うみさち》山幸《やまさち》

2009（平成《へいせい》21）年《ねん》10月《がつ》10日《か》に誕生《たんじょう》したリゾート特急《とっきゅう》。列車《れっしゃ》名《めい》の「海幸《うみさち》」「山幸《やまさち》」は、**日本神話《にほんしんわ》に出《で》てくる神様《かみさま》の名前《なまえ》**やで！

『海幸山幸《うみさちやまさち》』の車両《しゃりょう》は台風《たいふう》の影響《えいきょう》で廃止《はいし》になってしまった高千《たかち》穂《ほ》鉄道《てつどう》のTR《ティーアール》400形《がた》気動車《きどうしゃ》を2両《りょう》購入《こうにゅう》して改造《かいぞう》したものなんだよ。車内《しゃない》には宮崎《みやざき》の木材《もくざい》**『飫肥杉《おびすぎ》』**がたくさん使《つか》われていて、まるでログハウスの中《なか》みたいなんだ。

ステンレスやアルミニウムの車両《しゃりょう》ばかり見《み》てきたから、びっくりやなぁ。こんなオシャレな車両《しゃりょう》をデザインしたのは……。

そう！　JR《ジェイアール》九州《きゅうしゅう》の車両《しゃりょう》デザイナーといえば、大樹《たいき》も大好《だいす》きな水戸岡鋭治《みとおかえいじ》さん。地元《じもと》の名産《めいさん》の飫肥杉《おびすぎ》をたくさん使《つか》うことにこだわったんだって。だから、車体《しゃたい》の外装《がいそう》なんていう普通《ふつう》では考《かんが》えられない場所《ばしょ》にも、木材《もくざい》を使《つか》ったりしてるんだよ。

Photo ©小賀野実《おがのみのる》（RGG）

中級《ちゅうきゅう》、意外《いがい》と難《むずか》しなかった？
ちょっと一《ひと》休《やす》みしてから、
上級《じょうきゅう》に進《すす》むのもええで

最強《さいきょう》のピアニスト

電車検定《でんしゃけんてい》

上級《じょうきゅう》

上《じょう》級《きゅう》問《もん》題《だい》チェックシート

上級《じょうきゅう》の問題《もんだい》で正解《せいかい》した番号《ばんごう》の駅《えき》をぬりつぶしていこう！終《お》わったら、ぬりつぶせた駅《えき》の数《かず》をかぞえて、自分《じぶん》のランクをチェックだ！

※このページをコピーして使《つか》うと便利《べんり》だよ

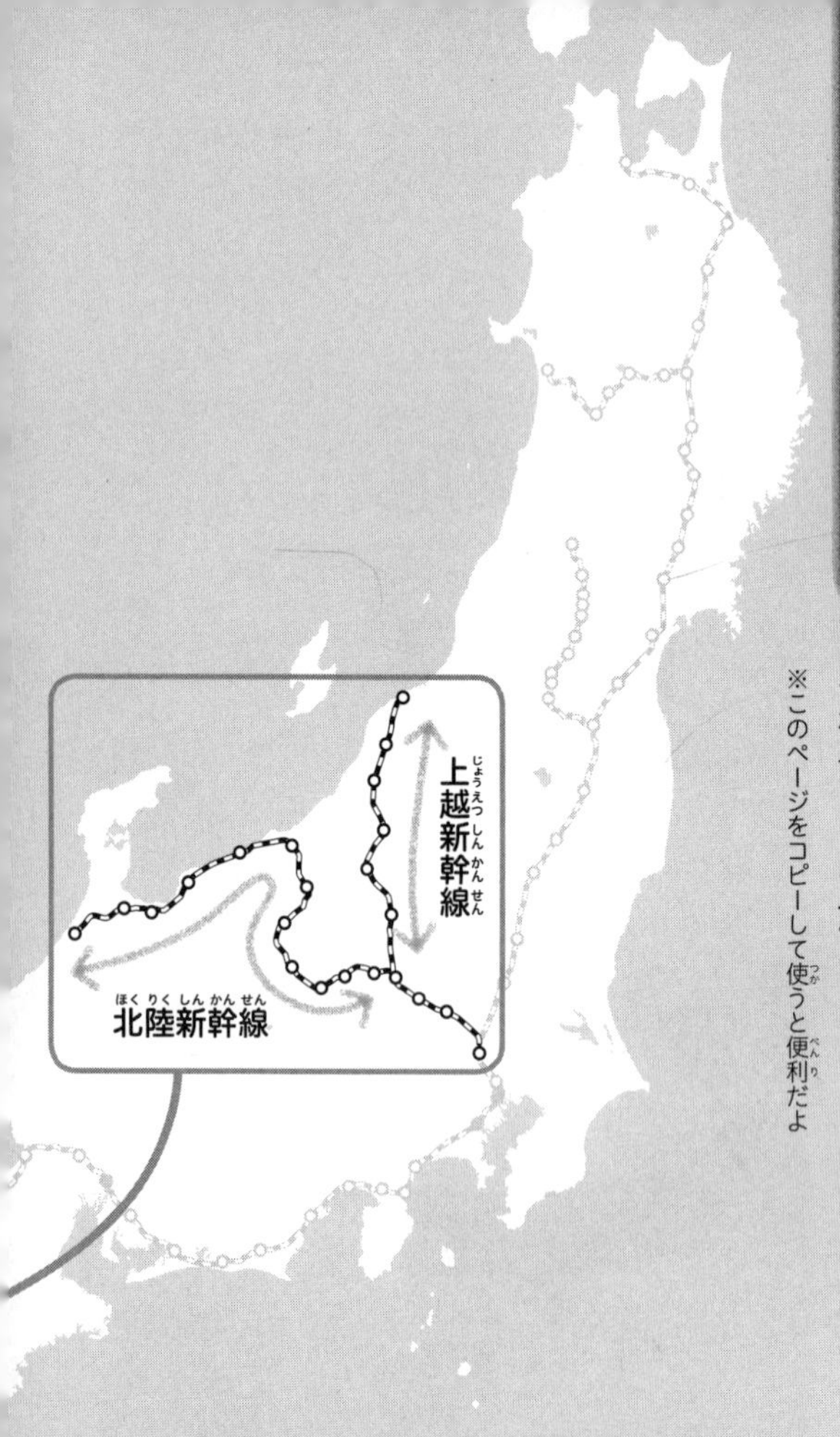

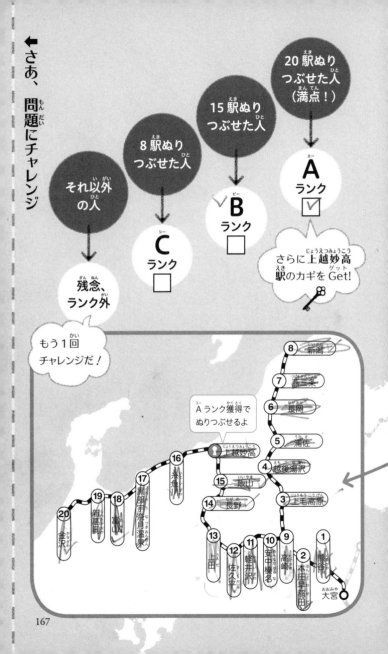

← さあ、問《もん》題《だい》にチャレンジ

20駅《えき》ぬりつぶせた人《ひと》(満点《まんてん》!) → A《エー》ランク ☑

さらに上越妙高《じょうえつみょうこう》駅《えき》のカギをGet《ゲット》!

15駅《えき》ぬりつぶせた人《ひと》 → B《ビー》ランク □

8駅《えき》ぬりつぶせた人《ひと》 → C《シー》ランク □

それ以外《いがい》の人《ひと》 → 残念《ざんねん》、ランク外《がい》

もう1回《かい》チャレンジだ!

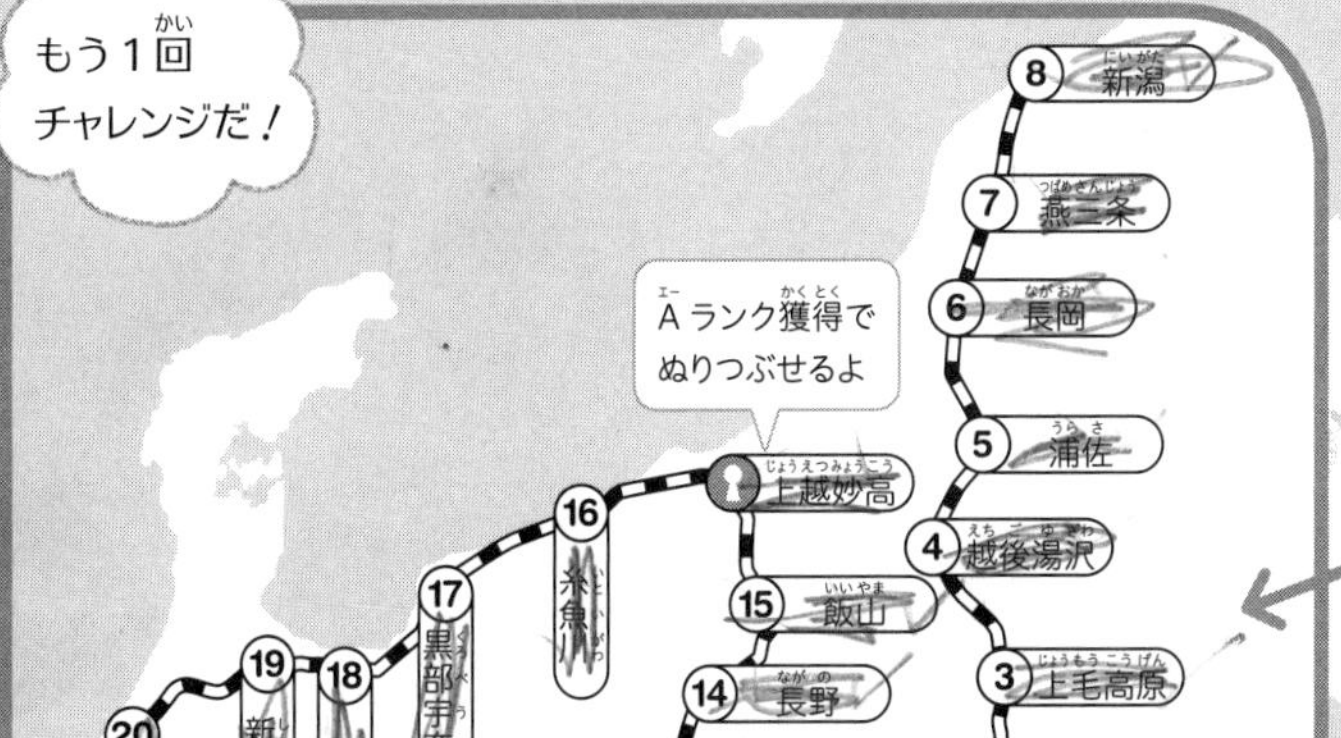

いよいよ上級《じょうきゅう》！難《むずか》しい問題《もんだい》ばっかりだけど、がんばって！

上級
じょうきゅう
1

地下鉄《ちかてつ》の車両内《しゃりょうない》に、必《かなら》ずつけなくてはいけない装備《そうび》はなんでしょう？

① 酸素《さんそ》ボンベ

② 救命胴衣《きゅうめいどうい》

③ 階段《かいだん》

④ AED《エーイーディー》

Hint!

地下鉄《ちかてつ》ってことは……トンネルの中《なか》をずっと走《はし》るってことやなぁ

そんな場所《ばしょ》での緊急事態《きんきゅうじたい》を考《かんが》えて、これの装備《そうび》が義務《ぎむ》づけられているんだ

緊急事態《きんきゅうじたい》？

じゃあ大《だい》ヒントだ！　電車《でんしゃ》が停《と》まってしまった時《とき》に、これを使用《しよう》するんだよ

正解《せいかい》 ③ 階段《かいだん》

正解《せいかい》していたら熊谷《くまがや》をぬりつぶそう

地下鉄《ちかてつ》には、必《かなら》ず折《お》りたたみ式《しき》の階段《かいだん》が装備《そうび》されているんだよ。

地下鉄《ちかてつ》の車両《しゃりょう》には2階《かい》なんてないのに、どうして階段《かいだん》なんてつけなくちゃあかんの？

普段《ふだん》は必要《ひつよう》ないよ。だけど、緊急事態《きんきゅうじたい》が起《お》きて突然《とつぜん》トンネル内《ない》で電車《でんしゃ》が急停止《きゅうていし》して動《うご》けなくなった場合《ばあい》、普通《ふつう》の鉄道《てつどう》と違《ちが》って、車体横《しゃたいよこ》の扉《とびら》を開《あ》けてお客《きゃく》さんを降《お》ろすことはできないだろう？

そっか～。地下鉄《ちかてつ》の場合《ばあい》、ずっとトンネルやから、場所《ばしょ》によってはドアが開《あ》いたら壁《かべ》ってこともあるわなぁ。

そう。だから、車両《しゃりょう》の前後《ぜんご》にある運転台《うんてんだい》から線路《せんろ》へ降《お》りられるように、階段《かいだん》が必要《ひつよう》なんだ。その装備《そうび》は地下鉄《ちかてつ》に相互乗《そうごの》り入《い》れすることになった鉄道会社《てつどうがいしゃ》の車両《しゃりょう》にも義務《ぎむ》づけられているんだ。

東京《とうきょう》メトロ
8000系《けい》
Photo ◯ 東京《とうきょう》メトロ

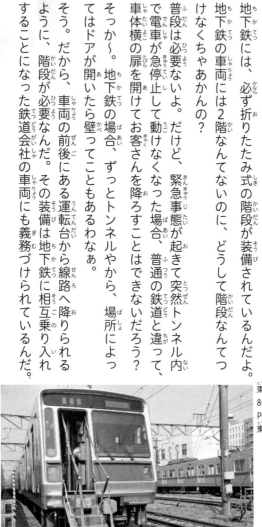

上級《じょうきゅう》 2

日本《にほん》で最初《さいしょ》の、列車内《れっしゃない》の暖房装置《だんぼうそうち》はどれでしょう？

① 火《ひ》ばち

② だんろ

③ 湯《ゆ》たんぽ

④ 蒸気《じょうき》ストーブ

Hint!

昔《むかし》は列車《れっしゃ》に暖房《だんぼう》って付《つ》いていなかったの？

うん。客車《きゃくしゃ》は木《き》で作《つく》った小《ちい》さな小屋《こや》みたいなものだったからね

冬《ふゆ》はすきま風《かぜ》なんかで寒《さむ》かったでしょうね～

だから、お客《きゃく》さんから「寒《さむ》い」って苦情《くじょう》が来《き》て、これを設置《せっち》したらしいんだ

正解《せいかい》 ③ 湯《ゆ》たんぽ

正解《せいかい》していたら本庄早稲田《ほんじょうわせだ》をぬりつぶそう

湯《ゆ》たんぽ!? 寝《ね》る時《とき》にお湯《ゆ》を入《い》れるものだよね!? そんな暖房《だんぼう》器具《きぐ》で本当《ほんとう》に車内《しゃない》を暖《あたた》めることなんてできたの?

明治《めいじ》の最初《さいしょ》の頃《ころ》の客車《きゃくしゃ》は、全長《ぜんちょう》5m《メートル》ほどで、20〜30人《にん》くらいしか乗《の》れなかったんだ。だから、大《おお》きめの湯《ゆ》たんぽを座席《ざせき》の間《あいだ》や足元《あしもと》に10個《こ》くらい置《お》けば、十分《じゅうぶん》暖《あたた》かかったらしいよ。

さすが……明治《めいじ》の人《ひと》は力強《ちからづよ》いね。でも、お湯《ゆ》なんてすぐに冷《さ》めてくるんじゃない?

だから駅《えき》に着《つ》くたびに、駅員《えきいん》さんが熱湯《ねっとう》を足《た》したんだって。でも、それじゃ大変《たいへん》だから蒸気《じょうき》を暖房《だんぼう》に使《つか》ったり、石炭《せきたん》ストーブを置《お》くようになったんだ。ちなみに、青森県《あおもりけん》の津軽鉄道《つがるてつどう》では、今《いま》でも冬《ふゆ》には車内《しゃない》に石炭《せきたん》ストーブのある『ストーブ列車《れっしゃ》』が走《はし》っていて、おにぎりやスルメを焼《や》いて食《た》べられるんだよ〜。

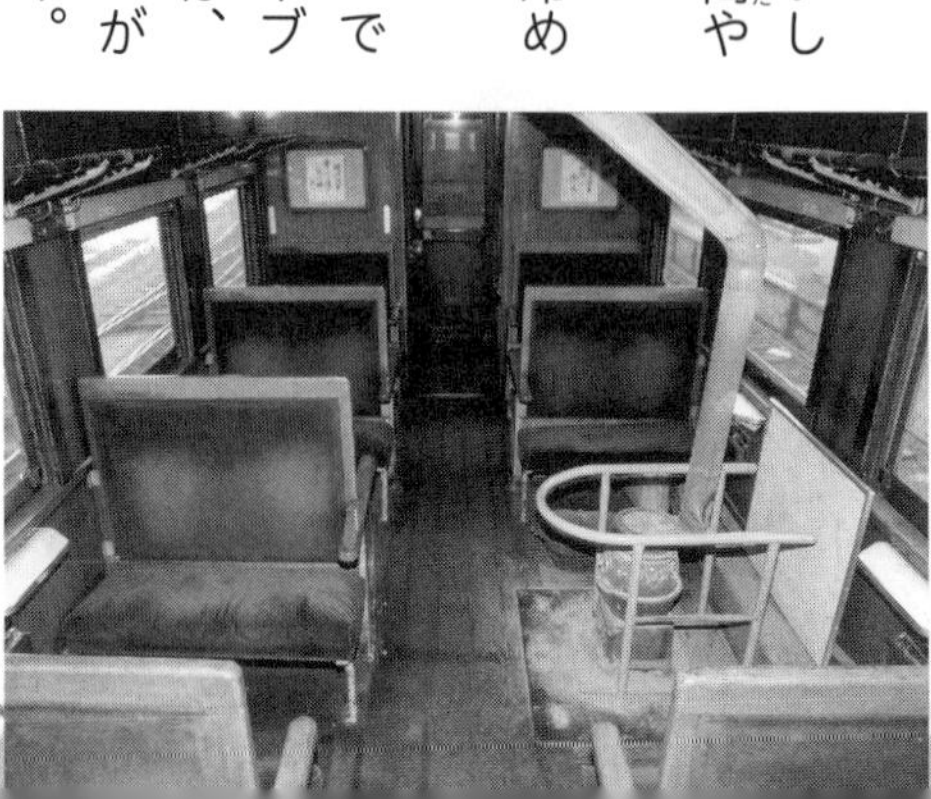

津軽鉄道《つがるてつどう》のストーブ列車《れっしゃ》
Photo ○ 荒川好夫《あらかわよしお》(RGG)

上級
じょうきゅう
3

日本《にほん》で一番《いちばん》多《おお》く列車《れっしゃ》が発着《はっちゃく》するホームがあるのは、どこの駅《えき》でしょう？

① 名鉄名古屋駅《めいてつなごやえき》

② JR東京駅《ジェイアールとうきょうえき》

③ 近鉄大阪難波駅《きんてつおおさかなんばえき》

④ 京王新宿駅《けいおうしんじゅくえき》

Hint!

「多《おお》くの列車《れっしゃ》が発着《はっちゃく》するホーム」ってなんや？

駅《えき》で降《お》りる人《ひと》の数《かず》とか、駅《えき》を通《とお》り過《す》ぎる列車《れっしゃ》の数《かず》ではなく、ひんぱんに列車《れっしゃ》が出入《でい》りしているということですね

どの駅《えき》も多《おお》そうやけど？

それが、このうち１つがダントツにすごいんです

正解《せいかい》

① 名鉄名古屋駅《めいてつなごやえき》

正解《せいかい》していたら上毛高原《じょうもうこうげん》をぬりつぶそう

名鉄名古屋駅《めいてつなごやえき》の1番線《ばんせん》には、平日《へいじつ》で1日平均《にちへいきん》、約《やく》450本《ぼん》もの列車《れっしゃ》が発着《はっちゃく》していて、他《ほか》の駅《えき》とは段違《だんちが》いに本数《ほんすう》が多《おお》いんです。

1日《にち》のうち、18時間《じかん》くらいしか電車走《でんしゃはし》っとらんのに～!?

単純《たんじゅん》に割《わ》ると1時間《じかん》に25本《ほん》ですから……。2分《ふん》に1本《ぽん》は電車《でんしゃ》が到着《とうちゃく》して、出発《しゅっぱつ》していることになります。

なんでそんなに名鉄名古屋駅《めいてつなごやえき》はすごいことになってんねんや？

名鉄《めいてつ》の路線《ろせん》は簡単《かんたん》に言《い》うと×型《がた》になっていて、その中心《ちゅうしん》が名鉄《めいてつ》名古屋駅《なごやえき》なんです。四方《しほう》からやってくる電車《でんしゃ》のほとんどはここを通《とお》るのですが、なんと上下線《じょうげせん》各《かく》2本《ほん》しかホームがないんです。

せやったら、工事《こうじ》して大《おお》きくしたらええのに。

名古屋駅《なごやえき》の地下《ちか》は、さまざまな施設《しせつ》でいっぱいで、拡張《かくちょう》する余《よ》裕《ゆう》がないそうですよ。

上級《じょうきゅう》 4

『青春《せいしゅん》18きっぷ』で乗《の》れる船《ふね》は、何県《なにけん》を航行《こうこう》しているでしょう？

① 沖縄県《おきなわけん》

② 青森県《あおもりけん》

③ 福岡県《ふくおかけん》

④ 広島県《ひろしまけん》

Hint!

青春《せいしゅん》18きっぷって列車《れっしゃ》以外《いがい》も乗《の》れるんだ？

昔《むかし》は、国鉄《こくてつ》やＪＲ《ジェイアール》が動《うご》かしとる船舶《せんぱく》がたくさんあったから、いろんなとこで乗《の》れてんけどなぁ

ＪＲ《ジェイアール》のきっぷで船《ふね》に乗《の》れるなんて楽《たの》しそう～

小《ちい》さい船《ふね》やけどＪＲ《ジェイアール》って書《か》いてあると不思議《ふしぎ》やな

正解《せいかい》

正解《せいかい》していたら越後湯沢《えちごゆざわ》をぬりつぶそう

④ 広島県《ひろしまけん》

『JR《ジェイアール》西日本《にしにほん》宮島《みやじま》フェリー』っていって、広島県《ひろしまけん》の山陽本線《さんようほんせん》の宮島口《みやじまぐち》から、向《む》かい側《がわ》にある宮島《みやじま》という島《しま》の間《あいだ》を海《うみ》を渡《わた》って結《むす》んどるんや。まぁ、船《ふね》に乗《の》れるっちゅうても、向《む》こう岸《ぎし》まではええとこ10分《ぷん》くらいしかかからへんねんけどな。

でも、『青春《せいしゅん》18きっぷ』で船《ふね》に乗《の》れるのはここだけって考《かんが》えたら、広島《ひろしま》に行《い》った時《とき》には絶対《ぜったい》寄《よ》っておかないといけないポイントねっ。

そらそうや。船《ふね》に乗《の》って渡《わた》った先《さき》には、広島《ひろしま》が世界《せかい》に誇《ほこ》る世界《せかい》文化遺産《ぶんかいさん》、厳島神社《いつくしまじんじゃ》があるんやから、絶対《ぜったい》ここへ来《こ》なあかん。

もしかして、海《うみ》の中《なか》に大《おお》きな鳥居《とりい》が立《た》っている神社《じんじゃ》のこと!?

せやせや。潮《しお》の満《み》ち干《ひ》きで、神社《じんじゃ》の境内《けいだい》にも海水《かいすい》が入《はい》ってきたりする、すごくおもろい神社《じんじゃ》やで。

Photo○ 小林大樹《こばやしだいき》(RGG)

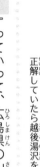

上級
じょうきゅう
5

釜石線《かまいしせん》で行《おこな》われている、列車《れっしゃ》と野生《やせい》のシカを衝突《しょうとつ》させないための工夫《くふう》とは？

① 列車《れっしゃ》にライオンの絵《え》を描《か》いた

② 線路《せんろ》にライオンの成分《せいぶん》をまいた

③ 警笛《けいてき》をライオンのうなり声《ごえ》にした

④ 駅《えき》でライオンを一頭《いっとう》飼《か》った

Hint!

ライオンって……!?

草食動物《そうしょくどうぶつ》のシカは、野生《やせい》の本能《ほんのう》でライオンのことを恐《おそ》れるらしいんです

だから、こんな方法《ほうほう》をとったのね

実際《じっさい》に、衝突事故《しょうとつじこ》の回数《かいすう》はかなり減《へ》ったらしいですよ

それはシカにとっても、よかったね♪

正解《せいかい》

② 線路《せんろ》にライオンのふんの成分《せいぶん》をまいた

正解《せいかい》していたら
浦佐《うらさ》をぬりつぶそう

野生動物《やせいどうぶつ》と列車《れっしゃ》の衝突事故《しょうとつじこ》を全国《ぜんこく》でまとめた数字《すうじ》はないのですが、ＪＲ九州《ジェイアールきゅうしゅう》では年間約《ねんかんやく》４００件《けん》、ＪＲ東海《ジェイアールとうかい》では５００件《けん》、Ｊ《ジェイ》Ｒ《アール》西日本《にしにほん》にいたっては福知山支社《ふくちやまししゃ》だけで１０００件《けん》とのデータがあります。全国《ぜんこく》だとかなりの件数《けんすう》ではないでしょうか？

グスン……。それはちょっと悲《かな》しいね。

そうなんです。ですから、各鉄道会社《かくてつどうがいしゃ》とも野生動物《やせいどうぶつ》が線路内《せんろない》へ入《はい》ってこられないようにフェンスを建《た》てたりしているのですが、工事《こうじ》の追《お》いつかないエリアも多《おお》いんです。そこで釜石線《かまいしせん》では、近《ちか》くの動物園《どうぶつえん》で分《わ》けてもらったライオンのフンを水《みず》にとかして液体《えきたい》を作《つく》り、それを線路周囲《せんろしゅうい》に散布《さんぷ》しました。すると、衝突事《しょうとつじ》故《こ》が年間《ねんかん》40件《けん》から3件《けん》にまで減《へ》ったそうです。他《ほか》の鉄道会社《てつどうがいしゃ》でもさまざまな工夫《くふう》をしているようですよ！

上級《じょうきゅう》
6

サンタからプレゼントをもらえる列車《れっしゃ》を走《はし》らせた鉄道会社《てつどうがいしゃ》はどこでしょう？

① 若桜鉄道《わかさてつどう》

② 京王電鉄《けいおうでんてつ》

③ 由利高原鉄道《ゆりこうげんてつどう》

④ 阪急電鉄《はんきゅうでんてつ》

Hint!

この鉄道会社《てつどうがいしゃ》さんでは最近《さいきん》は毎年《まいとし》走《はし》らせていて、2014（平成《へいせい》26）年《ねん》のクリスマスも走《はし》らせたんだ

すごぉおい！　クリスマスを列車《れっしゃ》の中《なか》でむかえられるなんて、雄太君《ゆうたくん》なら最高《さいこう》じゃない？

うん！　そんなに幸《しあわ》せなことはないねっ

正《せい》解《かい》

正解《せいかい》していたら長岡《ながおか》をぬりつぶそう

③ 由利高原鉄道《ゆりこうげんてつどう》

由利高原鉄道《ゆりこうげんてつどう》は秋田県《あきたけん》にある鉄道会社《てつどうがいしゃ》。**羽後本荘《うごほんじょう》〜矢島間《やしまかん》の約《やく》23㎞《キロメートル》**を走《はし》っているんだ。そして、毎年《まいとし》クリスマス近《ちか》くの1週間程度《しゅうかんていど》、『クリスマス列車《れっしゃ》』って特別《とくべつ》な列車《れっしゃ》を走《はし》らせているんだよ。

うわぁ、名前《なまえ》だけでもワクワクするね。一体《いったい》どんな列車《れっしゃ》？

まず、乗務員《じょうむいん》さんはみんなサンタの格好《かっこう》。列車《れっしゃ》の中《なか》には大《おお》きなクリスマスツリーがあって、内装《ないそう》もクリスマス装飾《そうしょく》になっているんだ。小学生以下《しょうがくせいいか》のみんなはサンタさんからプレゼントももらえちゃうんだって！　それからもう1つ、秋田《あきた》だからこそ、絶対《ぜったい》にクリスマスムードが盛《も》り上《あ》がる特別《とくべつ》なことがあるよ。

あっ、わかった！　秋田《あきた》は雪国《ゆきぐに》だから、ホワイトクリスマスになりやすいんでしょ♪

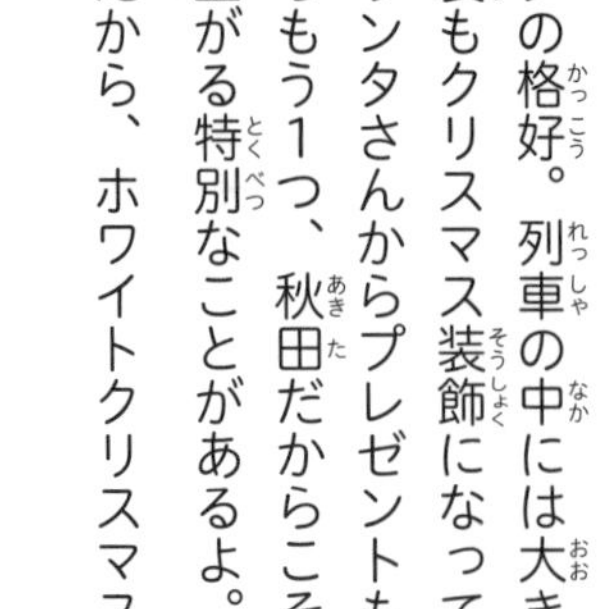

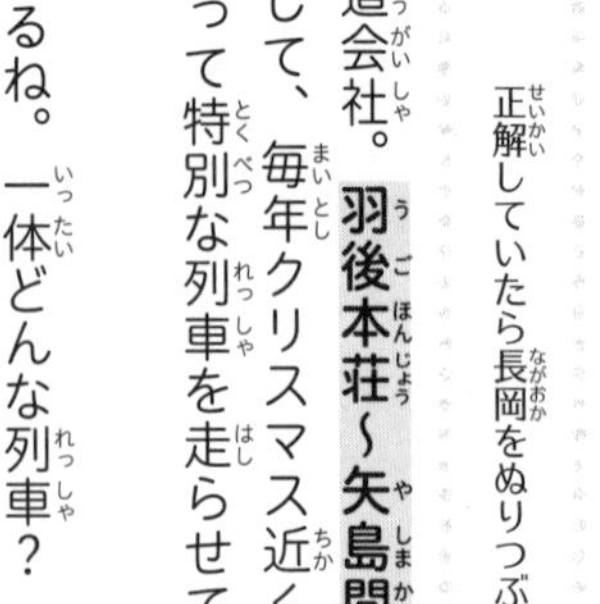

クリスマス列車《れっしゃ》の様子《ようす》　Photo ○由利高原鉄道《ゆりこうげんてつどう》

上級《じょうきゅう》

7

新幹線《しんかんせん》に最《もっと》も安《やす》く乗《の》れる一駅間《ひとえきかん》があります。小人料金《こどもりょうきん》でいくらでしょう？

① 120円《えん》

② 200円《えん》

③ 590円《えん》

④ 1080円《えん》

Hint!

一番安《ばんやす》く乗《の》れるってことは、駅《えき》と駅《えき》の間《あいだ》がとっても短《みじか》いってことですか？

そうだね。それに少《すこ》し特《とく》別《べつ》な事情《じじょう》があるんだよ

特別《とくべつ》な事情《じじょう》？

そう。雪《ゆき》の降《ふ》っている冬《ふゆ》にしか乗《の》れない、とっても変《か》わった路線《ろせん》なんだ

正解《せいかい》

正解《せいかい》していたら燕三条《つばめさんじょう》をぬりつぶそう

① 120円《えん》

上越《じょうえつ》新幹線《しんかんせん》の越後湯沢《えちごゆざわ》～ガーラ湯沢間《ゆざわかん》の約《やく》2㎞《キロメートル》の路線《ろせん》だけ、120円《えん》（大人《おとな》240円《えん》）で乗《の》れるんだよ。

ガーラ湯沢《ゆざわ》……ってことは、もしかしてスキー場《じょう》ですか？

そうなんだ。新幹線《しんかんせん》に乗《の》ったままスキー場《じょう》まで行《い》けるようにと、ガーラ湯沢駅《ゆざわえき》はゲレンデの前《まえ》に造《つく》られたんだ。ここはJR《ジェイアール》では正式《せいしき》には新幹線区間《しんかんせんくかん》ではなく、在来線《ざいらいせん》の支線《しせん》あつかいにされているから、**乗車券《じょうしゃけん》70円《えん》＋特急料金《とっきゅうりょうきん》50円《えん》の合計《ごうけい》120円《えん》**で乗車《じょうしゃ》できるんだよ。スキー場《じょう》の開《ひら》いている冬季限定《とうきげんてい》だけどね。

へぇ～そんな新幹線《しんかんせん》もあるんですねぇ。

同《おな》じような理由《りゆう》で、博多《はかた》～博多南間《はかたみなみかん》の約《やく》9㎞《キロメートル》の博多南線《はかたみなみせん》を走《はし》る新幹線《しんかんせん》にも、乗車券《じょうしゃけん》100円《えん》＋特急料金《とっきゅうりょうきん》50円《えん》の合計《ごうけい》150円《えん》（大人《おとな》290円《えん》）で乗《の》ることができるんだよ。

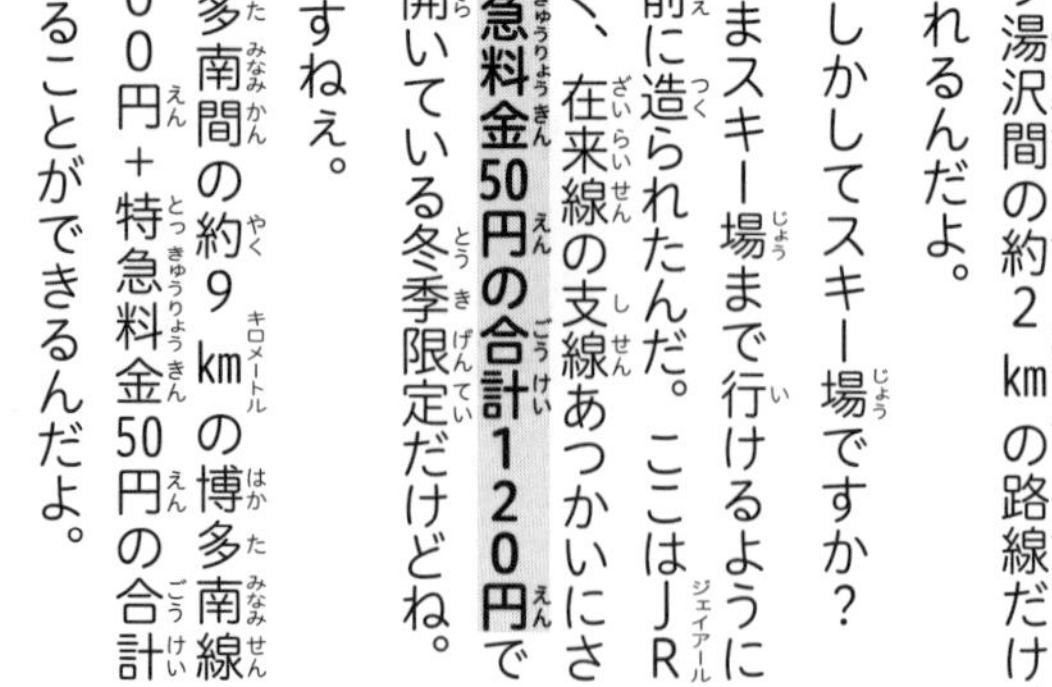

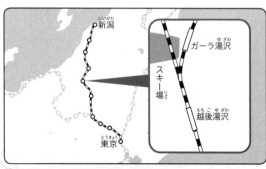

上級
じょうきゅう
8

最初《さいしょ》に蒸気機関車《じょうききかんしゃ》を作《つく》った人《ひと》は誰《だれ》でしょう？

① トーマス

② ゴードン

③ スティーブンソン

④ トレヴィシック

Hint!

あれ!?　これって……前《まえ》の問題《もんだい》で上田《うえだ》がポロッと言《い》っていたような気《き》が！

あっはは。そうだよ。萌《もえ》はちゃんと聞《き》いていた？

上田《うえだ》の話《はなし》なんか、そんなんちゃんと聞《き》いているわけないやん！

がんばれ上田《うえだ》……

で、なんやったっけ？

正解《せいかい》 ④ トレヴィシック

正解《せいかい》していたら新潟《にいがた》をぬりつぶそう

へぇ～私《わたし》は③のスティーブンソンやと思《おも》てたわ。蒸気機関車《じょうききかんしゃ》のことが書《か》いてある本《ほん》にそう載《の》っていたような気《き》がしたけど……。

ちょっと前《まえ》までは蒸気機関車《じょうききかんしゃ》を発明《はつめい》した人《ひと》はジョージ・スティーブンソンさんだと言《い》われていたんだ。けど、最近《さいきん》になって当時《とうじ》の記録《きろく》をしっかりと調《しら》べたら、リチャード・トレヴィシックさんが蒸気機関車《じょうききかんしゃ》を発明《はつめい》したことがわかったんだって。ジョージ・スティーブンソンさんは、蒸気機関車《じょうききかんしゃ》を実用化《じつようか》した人《ひと》で、ロケット号《ごう》など、その後《ご》のイギリスで使用《しよう》される蒸気機《じょうきき》関車《かんしゃ》を作《つく》ったんだ。

へぇ～。ほしたら、トレヴィシックさんが蒸気機関車《じょうききかんしゃ》を発明《はつめい》して、スティーブンソンさんがどんどん走《はし》らせてくれたんやね。

うん、ふたりとも偉大《いだい》な「鉄道《てつどう》の父《ちち》」だね！

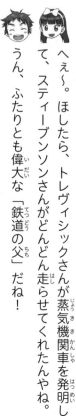

上級
じょうきゅう
9

N《エヌ》700系《けい》新幹線《しんかんせん》の車輪《しゃりん》の直径《ちょっけい》は何《なん》cm《センチメートル》でしょう？

① 54cm《センチメートル》

② 86cm《センチメートル》

③ 103cm《センチメートル》

④ 152cm《センチメートル》

Hint!

いつもはホームの下《した》に隠《かく》れてしまうから、あまり注意《ちゅうい》して見《み》ていないよね

そうよねぇ。線路上《せんろじょう》に立《た》って新幹線《しんかんせん》と記念撮影《きねんさつえい》する、なんてこともないしね

「自分《じぶん》の身長《しんちょう》より大《おお》きいのかな？」って想像《そうぞう》してみると、いいかもしれないね

正解《せいかい》 ② 86㎝《センチメートル》

正解《せいかい》していたら高崎《たかさき》をぬりつぶそう

へぇ～意外《いがい》に小《ちい》さいのねぇ。新幹線《しんかんせん》って車体《しゃたい》があんなに大《おお》きいから、車輪《しゃりん》ももっと大《おお》きいかと思《おも》ってたよ。だって、旅客機《りょかくき》のタイヤの直径《ちょっけい》なんて、すんごく大《おお》きいよ。

1m《メートル》以上《いじょう》あるんだってね。あれはゴム製《せい》で空気《くうき》が入《はい》っていて、着陸《ちゃくりく》したりする時《とき》にクッションの役割《やくわり》をするからなんだけど、新幹線《しんかんせん》はレールの上《うえ》を走《はし》るから、1m《メートル》もなくていいんだよ。

そっか～そういうことなんだね。

でも、小《ちい》さくても重《おも》さはすごい！　左右《さゆう》の車輪《しゃりん》とそれを支《ささ》える車軸《しゃじく》との重量《じゅうりょう》を合《あ》わせると、**1トン**くらいあるらしいよ。それが、2つ1組《くみ》で1つの台車《だいしゃ》に入《はい》っていて、1車両《しゃりょう》にはそれぞれ台車《だいしゃ》が2つ装備《そうび》されているからね。

うわぁぁぁ。新幹線《しんかんせん》1編成《へんせい》の車輪《しゃりん》だけですごい重《おも》さなんだぁ。

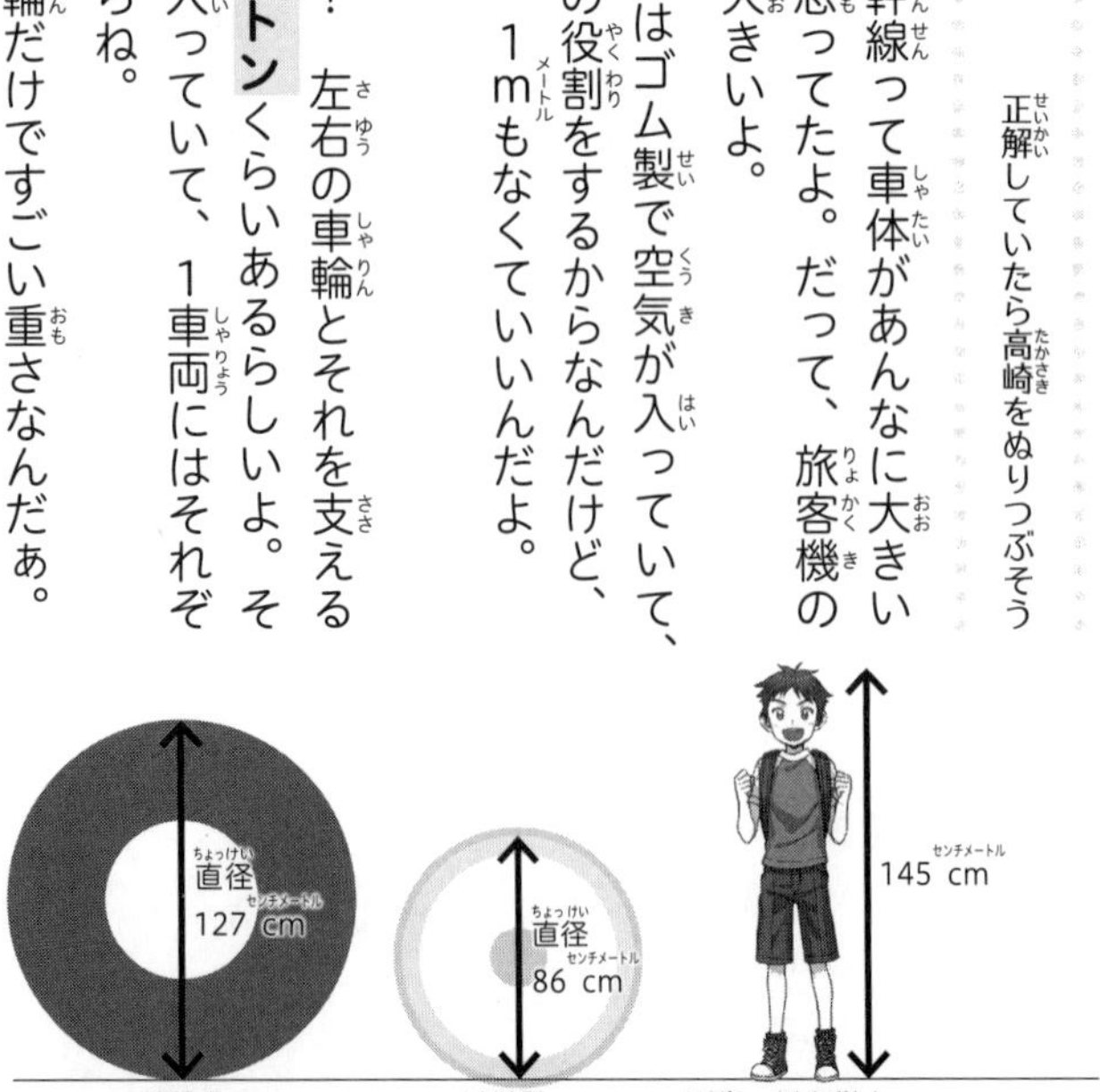

上級
じょうきゅう
10

ブルートレイン「20系客車《けいきゃくしゃ》」を初《はじ》めて使用《しよう》した寝台列車《しんだいれっしゃ》はどれ？

① つばめ

② へいわ

③ げっこう

④ あさかぜ

Hint!

寝台列車《しんだいれっしゃ》っていつ頃《ごろ》から走《はし》っとったんやろか？

1900（明治《めいじ》33）年《ねん》に山《さん》陽鉄道《ようてつどう》で走《はし》らせた、ベッドつきの車両《しゃりょう》が最初《さいしょ》なんだよ

ほな、その列車名《れっしゃめい》を当《あ》てればええねんな？

いいや。20系客車《けいきゃくしゃ》はもっとあとに造《つく》られたんだ

※ブルートレイン……青《あお》い車体《しゃたい》の夜行特急《やこうとっきゅう》や寝台列車《しんだいれっしゃ》の愛称《あいしょう》。

正解《せいかい》

正解《せいかい》していたら安中榛名《あんなかはるな》をぬりつぶそう

④ あさかぜ

第《だい》二次《じ》世界大戦《せかいたいせん》では、寝台車《しんだいしゃ》を含《ふく》む多《おお》くの車両《しゃりょう》が失《うしな》われたんだ。やっと日本《にほん》が立《た》ち直《なお》ったあと、1958（昭和《しょうわ》33）年《ねん》に国鉄《こくてつ》が送《おく》りだした安《やす》く乗《の》れる寝台車両《しんだいしゃりょう》が、この「20系客車《けいきゃくしゃ》」だよ。

へぇ～。ほな、それまでは夜列車移動《よれっしゃいどう》する時《とき》どうしてたん？

みんな座席《ざせき》しかない夜行列車《やこうれっしゃ》に乗《の》っていたんだよ。座席《ざせき》も今《いま》の新幹線《しんかんせん》みたいに背《せ》もたれが倒《たお》れたりするようないいものじゃなく、あまりクッションのないボックスシートだったんだ。だから、長距離《ちょうきょり》を列車《れっしゃ》に揺《ゆ》られると、体《からだ》のあっちこっちが痛《いた》くなっただろうね。そんな時《とき》に20系寝台客車《けいしんだいきゃくしゃ》を使用《しよう》した寝台列車《しんだいれっしゃ》『あさかぜ』が、東京《とうきょう》～博多間《はかたかん》を走《はし》りはじめたもんだから、みんな**走《はし》るホテル**と言《い》って盛《も》り上《あ》がったもんさ。

そっか～、あさかぜが走《はし》ったのは、革命的《かくめいてき》なことやったんや。

Photo ○ 伊藤威信《いとうたけのぶ》(RGG)

上級
じょうきゅう
11

「日《に》本《ほん》三《さん》大《だい》車《しゃ》窓《そう》」の1つ、「矢岳越《やたけご》え」を走《はし》る肥薩線《ひさつせん》の観光列車《かんこうれっしゃ》の名前《なまえ》は？

① SL《エスエル》やまぐち

② いさぶろう・しんぺい

③ しまんトロッコ

④ はやとの風《かぜ》

Hint!

日本三大車窓《にほんさんだいしゃそう》は車窓《しゃそう》から見《み》た絶景《ぜっけい》ポイントのことですね

有名《ゆうめい》な3か所《しょ》のうちの1つ「矢岳越《やたけご》え」では、霧《きり》島連山《しまれんざん》をはじめ、天気《てんき》がよければ桜島《さくらじま》まで見《み》られるんだよ

肥薩線《ひさつせん》は熊本県《くまもとけん》の八代《やつしろ》～鹿児島県《かごしまけん》の隼人間《はやとかん》を走《はし》っている路線《ろせん》ですね！

正解《せいかい》

正解《せいかい》していたら軽井沢《かるいざわ》をぬりつぶそう

② いさぶろう・しんぺい

『いさぶろう・しんぺい』は肥薩線《ひさつせん》を走《はし》る普通列車《ふつうれっしゃ》。**人吉《ひとよし》から吉松《よしまつ》へ行《い》く下《くだ》り列車《れっしゃ》は『いさぶろう』、吉松《よしまつ》から人吉《ひとよし》の上《のぼ》り列車《れっしゃ》は『しんぺい』**って名前《なまえ》になるんだ。気動車《きどうしゃ》キハ40系《けい》を改造《かいぞう》したエンジ色《いろ》の車両《しゃりょう》で、車窓《しゃそう》の景色《けしき》が見《み》やすいように、車体中央部《しゃたいちゅうおうぶ》に展望《てんぼう》スペースが設置《せっち》されているんだよ。

どうして、いさぶろう・しんぺいって名前《なまえ》なんですか？

これは肥薩線《ひさつせん》を造《つく》った当時《とうじ》の大臣《だいじん》、山縣伊三郎《やまがたいさぶろう》と、鉄道院総裁《てつどういんそうさい》だった後藤新平《ごとうしんぺい》から取《と》ったんだ。

ちなみに日本三大車窓《にほんさんだいしゃそう》のもう2つを紹介《しょうかい》すると、1つは根室本線《ねむろほんせん》の「狩勝峠越《かりかちとうげご》え」で、もう1つは篠ノ井線《しののいせん》の姨捨周辺《おばすてしゅうへん》なんだって！　この3か所《しょ》は鉄道《てつどう》ファンとしては一度《いちど》は訪《たず》ねておきたい場所《ばしょ》だね。

Photo○
荒川好夫《あらかわよしお》
（RGG）

上級
じょうきゅう
12

ホームとホームとの間《あいだ》にかかっている、歩道橋《ほどうきょう》のような橋《はし》の名前《なまえ》はどれ？

① 地橋《ちきょう》

② 関門橋《かんもんきょう》

③ 隧道《ずいどう》

④ 跨線橋《こせんきょう》

Hint!

これは、よくホームにかかってるね。あれ？　なんて名前《なまえ》だったっけ？

道路《どうろ》にある歩道橋《ほどうきょう》とあまり形《かたち》も用途《ようと》も変《か》わらないのですが、駅《えき》にある場合《ばあい》は名前《なまえ》が変《か》わるんですよ

線路《せんろ》は絶対《ぜったい》に歩《ある》いて渡《わた》っちゃダメだから、これがないと困《こま》っちゃうもんね

正解《せいかい》

④ 跨線橋《こせんきょう》

正解《せいかい》していたら佐久平《さくだいら》をぬりつぶそう

最近《さいきん》、大《おお》きな駅《えき》では駅舎《えきしゃ》を2階以上《かいいじょう》に作《つく》ってしまう「橋上駅舎《きょうじょうえきしゃ》」とすることが多《おお》く、そんな工事《こうじ》の際《さい》には、跨線橋《こせんきょう》を駅舎《えきしゃ》と一体化《いったいか》して廃止《はいし》してしまうことが多《おお》いので、なかなか見《み》られなくなってきていますね。

そうねぇ。私《わたし》の家《いえ》の最寄《もよ》り駅《えき》の茅ケ崎《ちがさき》も橋上駅舎《きょうじょうえきしゃ》になっていて、跨線橋《こせんきょう》はないね。駅構内《えきこうない》にはたくさんの食《た》べもの屋《や》さんや本屋《ほんや》さんがあるよ。

減《へ》りつつある跨線橋《こせんきょう》ですが、古《ふる》くから大切《たいせつ》に使《つか》われているものも多《おお》いんですよ。現在《げんざい》**JR《ジェイアール》で最《もっと》も古《ふる》い跨線橋《こせんきょう》**は、1910（明治《めいじ》43）年《ねん》にできた**愛知県《あいちけん》武豊線《たけとよせん》の半田《はんだ》**のものと言《い》われています。

1910年《ねん》!? すごく大事《だいじ》に使《つか》ったんだね、半田《はんだ》の人《ひと》たちは……。確実《かくじつ》にすごい鉄道遺産《てつどういさん》だねぇ。

日暮里駅《にっぽりえき》の跨線橋《こせんきょう》
Photo ◯ 小笠原未来《おがさわらみらい》(T3)

上級
じょうきゅう
13

700系新幹線《けいしんかんせん》は、東海道本線《とうかいどうほんせん》(在来線《ざいらいせん》)をそのまま走《はし》れるでしょうか？

① 普段《ふだん》も走《はし》っている

② 緊急時《きんきゅうじ》は走《はし》る

③ 夜《よる》は走《はし》っている

④ 絶対《ぜったい》にムリ

Hint!

東海道本線《とうかいどうほんせん》ちゅうたら、東京《とうきょう》～神戸間《こうべかん》やな

うん。東海道本線《とうかいどうほんせん》は関西《かんさい》の人《ひと》も関東《かんとう》の人《ひと》も知《し》っているし、名古屋《なごや》も通《とお》るね

その線路《せんろ》に700系《けい》が走《はし》れるか……？　と

正解《せいかい》するのは簡単《かんたん》かもしれないけど、理由《りゆう》はわかるかな？

④ 絶対《ぜったい》にムリ

正解《せいかい》していたら上田《うえだ》をぬりつぶそう

JR《ジェイアール》の在来線《ざいらいせん》の線路幅《せんろはば》が1067㎜《ミリメートル》なのに対《たい》して、新幹線《しんかんせん》は1435㎜《ミリメートル》。**サイズがまったく違《ちが》うから、走《はし》れない**んだ。

せやから、在来線《ざいらいせん》の特急《とっきゅう》やったら横《よこ》4列《れつ》しか並《なら》べられへんシートも、新幹線《しんかんせん》やったら5列《れつ》も並《なら》べられるちゅうわけやな。

この1435㎜《ミリメートル》っていう線路幅《せんろはば》は、鉄道《てつどう》が最初《さいしょ》に造《つく》られたイギリスの「標準軌《ひょうじゅんき》」と同《おな》じだよ。在来線《ざいらいせん》の1067㎜《ミリメートル》って幅《はば》は、明治《めいじ》の最初《さいしょ》の頃《ころ》にイギリスから鉄道《てつどう》が入《はい》ってきた時《とき》に、「線路《せんろ》を造《つく》る費用《ひよう》が安《やす》くすむ」とか「日本《にほん》の土地《とち》がせまいから」などの理由《りゆう》で、少《すこ》し細《ほそ》めなものを採用《さいよう》したからなんだって。

けど、私鉄《してつ》となったらいろんな幅《はば》のやつがあるんや。せやから関東《かんとう》の京成《けいせい》、京急《けいきゅう》、関西《かんさい》の京阪《けいはん》、阪急《はんきゅう》、阪神《はんしん》と近鉄《きんてつ》の一部《いちぶ》の路《ろ》線《せん》なんかは新幹線《しんかんせん》と同《おな》じ線路幅《せんろはば》なんやで。

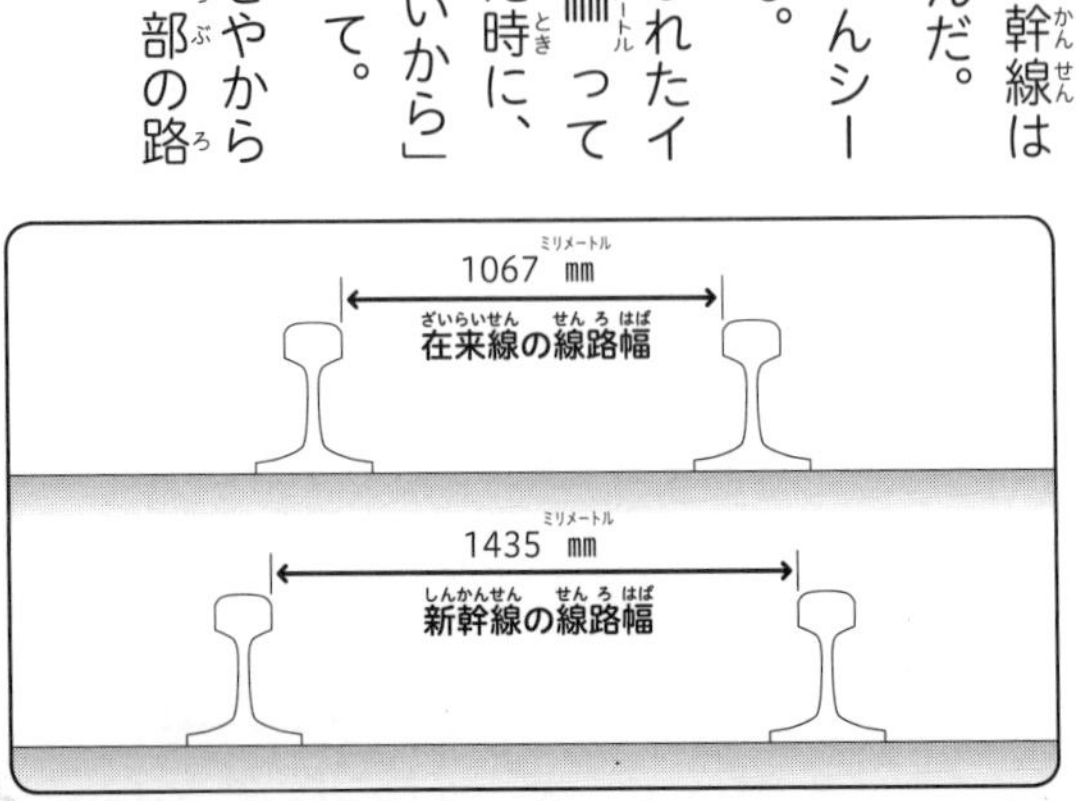

上級
じょうきゅう
14

貨物列車《かもつれっしゃ》で大量《たいりょう》に運《はこ》ばないものは、次《つぎ》のうちどれでしょう？

① 乗用車《じょうようしゃ》

② ガソリン

③ 材木《ざいもく》

④ 自衛隊車両《じえいたいしゃりょう》

Hint!

ＪＲ《ジェイアール》の主要路線《しゅようろせん》だと、夜《よる》には本当《ほんとう》にたくさんの貨《か》物列車《もつれっしゃ》が走《はし》っているね

「積《つ》み荷《に》はなにかな？」って、ワクワクして見《み》ちゃうよね

貨物列車《かもつれっしゃ》によっては、寝《しん》台列車《だいれっしゃ》なんかより、ずっと遠《とお》くまで走《はし》るのもあるんだ！

正解《せいかい》

正解《せいかい》していたら長野《ながの》をぬりつぶそう

① 乗用車《じょうようしゃ》

貨物列車《かもつれっしゃ》で大量《たいりょう》に運《はこ》ぶのかと思《おも》ったのに、なんだか意外《いがい》だね。

父《とう》さんが小学生《しょうがくせい》の頃《ころ》は、自動車輸送専用《じどうしゃゆそうせんよう》の貨車《かしゃ》「ク5000形《がた》」っていうのがあって、**1両《りょう》に小型車《こがたしゃ》を10台《だい》も積《つ》めた**らしいよ。ピークは1972（昭和《しょうわ》47）年頃《ねんごろ》で、国内《こくない》で作《つく》られた乗用車《じょうようしゃ》の3分《ぶん》の1にあたる約《やく》80万台《まんだい》を鉄道《てつどう》で輸送《ゆそう》していたんだって。

そんなにすごかったのに、なんでなくなったの？

「オイルショック」っていう原油価格《げんゆかかく》がすごく上《あ》がっちゃうことがあって、価格《かかく》の安《やす》い、船《ふね》での輸送《ゆそう》に変《か》わっていったんだ。ただ、最近《さいきん》は、コンパクトな軽自動車《けいじどうしゃ》だけは、1コンテナに1台《だい》積《つ》んで一度《いちど》に数台《すうだい》ずつ運《はこ》んでいるみたいだよ。

そう言《い》われると、車《くるま》をたくさん積《つ》んだ大《おお》きな貨車列車《かしゃれっしゃ》を見《み》てみたくなるね。

Photo ○森嶋孝司《もりしまこうじ》(RGG)

上級《じょうきゅう》

15

次《つぎ》の交通系《こうつうけい》IC《アイシー》カードのうち、JR《ジェイアール》四国《しこく》でも発行《はっこう》されているものはどれでしょう？

① Kitaca《キタカ》

② Suica《スイカ》

③ ICOCA《イコカ》

④ SUGOCA《スゴカ》

Hint!

交通系《こうつうけい》IC《アイシー》カードって全《ぜん》国《こく》のJR《ジェイアール》にあるんだね

JR《ジェイアール》だけやのうて、私鉄《してつ》も発行《はっこう》しとるから、めっちゃあるんや。そして、なんでか知《し》らんけど、名《な》前《まえ》はダジャレが多《おお》いねん

そうね。だから、覚《おぼ》えやすいのよね

正解《せいかい》はどれやろな？

正解《せいかい》

正解《せいかい》していたら飯山《いいやま》をぬりつぶそう

③ ICOCA《イコカ》

JR《ジェイアール》四国《しこく》では、今《いま》のところ独自《どくじ》のIC《アイシー》カードはなくて、JR《ジェイアール》西《にし》日本《にほん》と共同《きょうどう》でICOCA《イコカ》を一部《いちぶ》導入《どうにゅう》してん。香川県《かがわけん》の予讃線《よさんせん》・高松《たかまつ》～多度津間《たどつかん》と、瀬戸大橋線《せとおおはしせん》・児島《こじま》～宇多津間《うたづかん》で使《つか》えるんや。

JR《ジェイアール》西《にし》日本《にほん》の岡山《おかやま》・福山《ふくやま》地区《ちく》と直通利用《ちょくつうりよう》できるから、広島県《ひろしまけん》の福山駅《ふくやまえき》から、香川県《かがわけん》の高松駅《たかまつえき》まで1つのICOCA《イコカ》で行《い》けるんだね。会社《かいしゃ》のエリアをまたげるのってすごいね。

せやな。ちなみにJR《ジェイアール》西《にし》日本《にほん》のICOCA《イコカ》は、正式《せいしき》には『IC《アイシー》 Operating《オペレーティング》 CArd《カード》』って英語《えいご》を略《りゃく》した物《もの》なんや。せやけど、それが「行《い》こか」ってダジャレになってんねん。

JR《ジェイアール》九州《きゅうしゅう》の『SUGOCA《スゴカ》』は博多弁《はかたべん》で「すごい!」という意《い》味《み》だし、JR《ジェイアール》北海道《ほっかいどう》の『Kitaca《キタカ》』は「北《きた》か」と「来《き》たか」のダブルの意味《いみ》だね。なんだかみんなかわいいね。

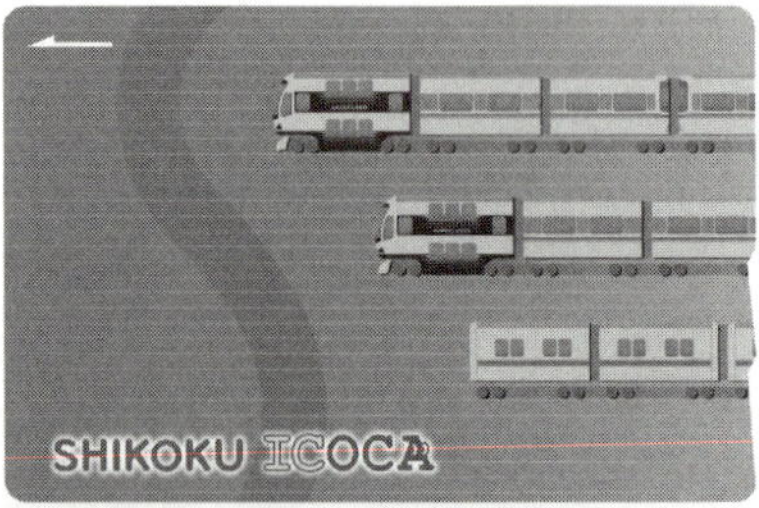

JR《ジェイアール》四国《しこく》発行《はっこう》のICOCA《イコカ》 Image© JR《ジェイアール》四国《しこく》

上級
じょうきゅう
16

ＪＲ四国《ジェイアールしこく》の予土線《よどせん》を走《はし》る『鉄道《てつどう》ホビートレイン』の車体《しゃたい》は一体《いったい》どんな形《かたち》？

① Ｂ《ビー》747旅客機《りょかくき》

② Ｄ《ディー》51形蒸気機関車《がたじょうききかんしゃ》

③ 豪華客船《ごうかきゃくせん》クイーン・エリザベス

④ 0系新幹線《けいしんかんせん》

Hint!

ＪＲ四国《ジェイアールしこく》かぁ。まだ乗《の》ったことないなぁ

予土線《よどせん》は高知県《こうちけん》の若井《わかい》～愛媛県《えひめけん》の北宇和島《きたうわじま》間《かん》を走《はし》る路線《ろせん》なんや。路線《ろせん》の一部《いちぶ》は日本一《にほんいち》の清流《せいりゅう》と言《い》われる四万十川《しまんとがわ》に沿《そ》って走《はし》るねんで

きっと窓《まど》から見《み》える景色《けしき》はきれいだろうねぇ

正解《せいかい》

④ 0《ゼロ》系《けい》新《しん》幹《かん》線《せん》

正解《せいかい》していたら糸魚川《いといがわ》をぬりつぶそう

しっ、新幹線《しんかんせん》!? 四国《しこく》に新幹線《しんかんせん》って走《はし》ってたっけ!?

いやいや、四国《しこく》には新幹線《しんかんせん》は走《はし》ってへんよ。**キハ32形《がた》気動車《きどうしゃ》の先頭部分《せんとうぶぶん》を改造《かいぞう》**して、色《いろ》も白《しろ》と青《あお》にぬりかえて**新幹線《しんかんせん》みたいにした列車《れっしゃ》**が走《はし》ってるんや。ほんまの新幹線《しんかんせん》と比《くら》べて車体《しゃたい》が短《みじか》いから、少《すこ》しずんぐりしてて、おもちゃみたいに見《み》えるけどな。

へぇ～。それはかわいいかも。でも、どうして「趣味《しゅみ》（ホビー）」って意味《いみ》の名前《なまえ》がついているの?

鉄道《てつどう》ホビートレインの車内《しゃない》には、ほんまの新幹線《しんかんせん》のシートが設置《せっち》されていたり、歴代《れきだい》の新幹線《しんかんせん》なんかの鉄道模型《てつどうもけい》が展示《てんじ》されている大型《おおがた》ショーケースがあったりするんや。「鉄道模型《てつどうもけい》と走《はし》るアミューズメントトレイン」ってコンセプトやから、そんな名《な》前《まえ》にしたらしいわ。

Photo ○ 高木英二《たかぎえいじ》（RGG）

上級
じょうきゅう

17

日本《にほん》一《いち》長《なが》いレールは1本《ぽん》でどのくらいでしょう？

① 約《やく》50m《メートル》

② 約《やく》500m《メートル》

③ 約《やく》5km《キロメートル》

④ 約《やく》50km《キロメートル》

Hint!

こんなん簡単《かんたん》やん

なんでや？　わりと難《むずか》しいと思《おも》うけどなぁ

だってあんまり長《なが》かったら、運《はこ》べへんやろ

みさきは甘《あま》いな～。長《なが》いレールは、そうやって作《つく》るんとはちょっとちゃうねん

正解《せいかい》 ④ 約《やく》50km《キロメートル》

正解《せいかい》していたら黒部宇奈月温泉《くろべうなづきおんせん》をぬりつぶそう

北海道《ほっかいどう》と青森《あおもり》の間《あいだ》にある、全長《ぜんちょう》53・85km《キロメートル》の青函《せいかん》トンネルの中《なか》のレールは、約《やく》52・6km《キロメートル》もレールのすきまがないんや。

ほな、そこではしばらくはガタンゴトンって音《おと》がせえへんなるんかなっ!? しゃ~けど、ようそんな長《なが》い線路《せんろ》を運《はこ》んだなぁ。

アホか? そんなに長《なが》いレールをみんなで運《はこ》べるわけないやろ? JR《ジェイアール》の標準的《ひょうじゅんてき》なレールの長《なが》さちゅうのは25m《メートル》やねん。このレールを大量《たいりょう》に青函《せいかん》トンネルへ持《も》っていって、**1本《ぽん》1本《ぽん》溶接《ようせつ》**してつなげるんやがな。

つっ、つなげるって!? 何本《なんぼん》いんねん!

52・6km《キロメートル》は52600m《メートル》で、これを25m《メートル》で割《わ》ると……2104本《ほん》、もう片方《かたほう》合《あ》わせて4208本《ぽん》ってことやな!

上級
じょうきゅう
18

とさでん交通《こうつう》の車両正面《しゃりょうしょうめん》に表示《ひょうじ》されることがある言葉《ことば》は、どれでしょう？

① おえ

② はげ

③ ごめん

④ うげ

Hint!

ちょっと変《へん》な問題《もんだい》だよね。でも、列車《れっしゃ》にそう表示《ひょうじ》している理由《りゆう》が、ちゃんとあるんだ

理由《りゆう》？

大《だい》ヒントを言《い》うと……これは「行《い》き先《さき》」が表示《ひょうじ》されているんだ

ってことは、駅名《えきめい》かな？

正解《せいかい》

正解《せいかい》していたら富山《とやま》をぬりつぶそう

③ ごめん

これは終点《しゅうてん》の駅名《えきめい》で、高知県《こうちけん》・南国《なんこく》にある後免町《ごめんまち》っていう駅《えき》のことなんだ。行先表示《いきさきひょうじ》に「町《まち》」を表示《ひょうじ》せずに、すべてひらがなで表示《ひょうじ》されているから「ごめん」ってなるんだよね。

初《はじ》めて見《み》たら電車《でんしゃ》が謝《あやま》っているみたいで、びっくりしちゃうよね。雄太君《ゆうたくん》、他《ほか》の選択肢《せんたくし》の駅《えき》はないよね?

とさでん交通《こうつう》の駅《えき》じゃないけど、どれも本当《ほんとう》にある駅名《えきめい》なんだよ。

ほっ、ほんなごと~!?

長崎県《ながさきけん》のJR《ジェイアール》長崎本線《ながさきほんせん》・小江駅《おええき》、高知県《こうちけん》のJR《ジェイアール》予土線《よどせん》・半家駅《はげえき》、岩手県《いわてけん》のJR《ジェイアール》八戸線《はちのへせん》・有家駅《うげえき》なんだ。

変《か》わった名前《なまえ》の駅《えき》、近《ちか》くを通《とお》ったら途中下車《とちゅうげしゃ》したいね!

Photo ◯ 荒川好夫《あらかわよしお》（RGG）

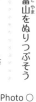

上級
じょうきゅう
19

JR《ジェイアール》の駅《えき》のホームがいくつもある場合《ばあい》、1番線《ばんせん》はどうやって決《き》められている？

① 一番《ばん》北側《きたがわ》にある

② 東京駅《とうきょうえき》に近《ちか》い

③ 駅長室《えきちょうしつ》に近《ちか》い

④ 特《とく》に決《き》まりはない

Hint!

これはそんなに難《むずか》しくはありませんよ

本当《ほんとう》に!?

一番《いちばん》いいのは、自分《じぶん》がいつも利用《りよう》している駅《えき》を思《おも》い出《だ》すことです

茅ケ崎駅《ちがさきえき》は、どうなってたかなぁ

駅《えき》が小《ちい》さいとわかりやすいですよ

正解《せいかい》

③ 駅長室《えきちょうしつ》に近《ちか》い

正解《せいかい》していたら新高岡《しんたかおか》をぬりつぶそう

昔《むかし》から日本《にほん》の鉄道《てつどう》では駅長室《えきちょうしつ》に近《ちか》い線路《せんろ》から、1番線《ばんせん》、2番線《ばんせん》とつけるのがルール。東京駅《とうきょうえき》もよく見《み》ると、駅長室《えきちょうしつ》のあるレンガ造《づく》りの丸《まる》の内駅舎《うちえきしゃ》のほうから順《じゅん》に1番線《ばんせん》になっていますよ。

へぇ〜そうなんだぁ。でもさぁ、駅《えき》だって時代《じだい》によって変化《へんか》していくでしょ？　もしも、増築《ぞうちく》でもして1番線《ばんせん》より駅長室側《えきちょうしつがわ》に線路《せんろ》ができたらどうするのかな？

その時《とき》は**0番線《れいばんせん》**が造《つく》られるのです。

れっ、0番線《れいばんせん》!?

そうです。代表的《だいひょうてき》なところでは岩手県《いわてけん》の盛岡駅《もりおかえき》、京都府《きょうとふ》の京都《きょうと》駅《えき》、鳥取県《とっとりけん》にある米子駅《よなごえき》、長崎県《ながさきけん》の長崎駅《ながさきえき》など全国《ぜんこく》に40駅《えき》くらいあるそうです。熊本駅《くまもとえき》では0番《れいばん》A《エー》、0番《れいばん》B《ビー》と、2つも0番線《れいばんせん》があるんですよ。

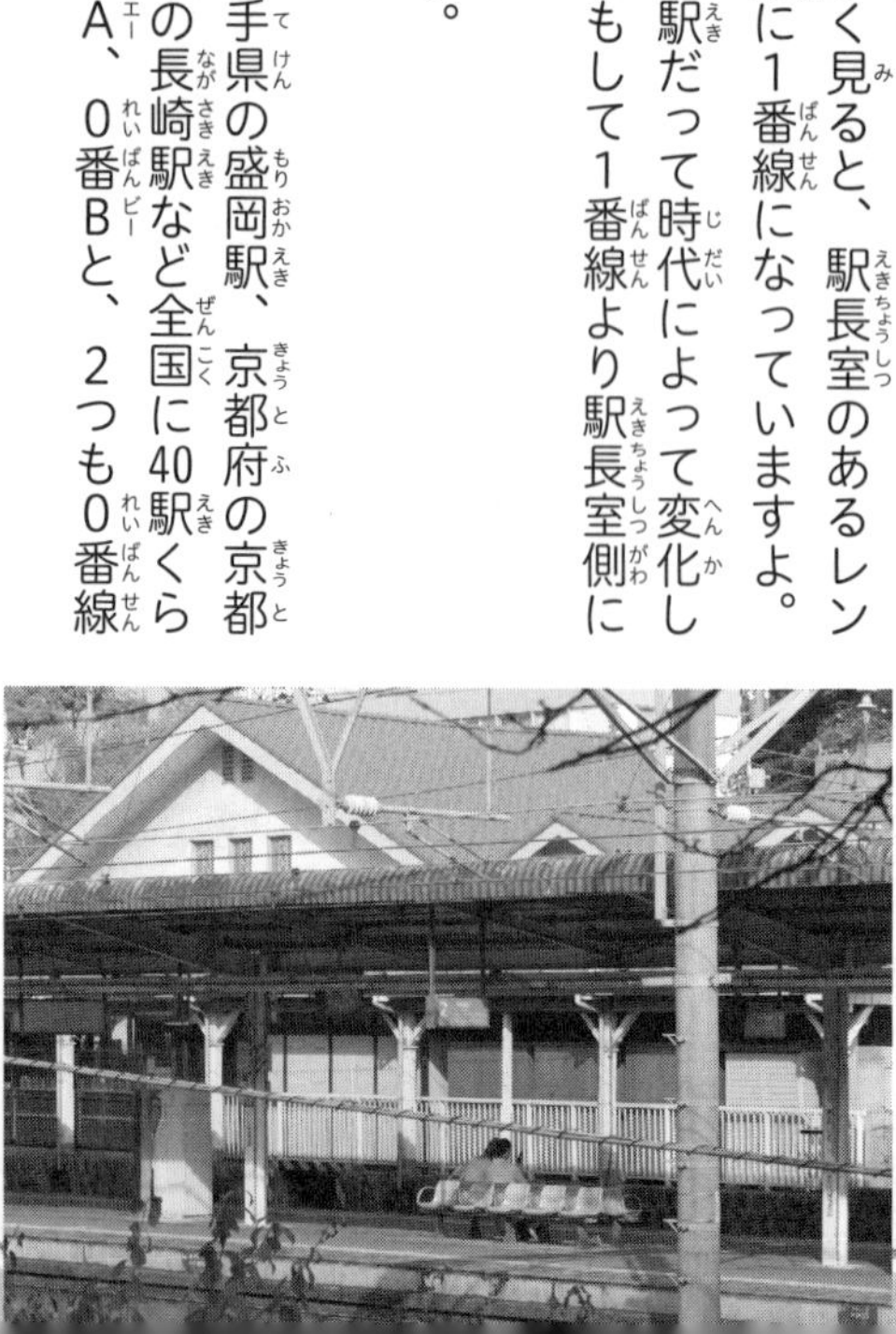

ＪＲ《ジェイアール》大磯駅《おおいそえき》の様子《ようす》。奥《おく》に駅長室《えきちょうしつ》のある駅舎《えきしゃ》、その手前《てまえ》が１番線《ばんせん》、２番線《ばんせん》となっている

Photo ○
小笠原未来《おがさわらみらい》(T3)

上級《じょうきゅう》
20

『フリーゲージトレイン』とはどんな電車《でんしゃ》でしょう？

① 車輪《しゃりん》の間隔《かんかく》を変《か》えられる

② 道路《どうろ》も走《はし》れる

③ 車両《しゃりょう》の幅《はば》を変《か》えられる

④ 電気《でんき》が必要《ひつよう》ない

Hint!

フリーゲージトレインって名前《なまえ》が、なんかかっこいいねっ！

名前《なまえ》がかっこいいだけじゃなくって、それがヒントになっているんだ

ヒントって？　学校《がっこう》の授業《じゅぎょう》では習《なら》わなかったよぉ

「フリー」は英語《えいご》で「自由《じゆう》」ってことだよ

正解《せいかい》していたら
金沢《かなざわ》をぬりつぶそう

正解《せいかい》

① 車輪《しゃりん》の間隔《かんかく》を変《か》えられる

英語《えいご》って言《い》ったけど、フリーゲージトレインは日本《にほん》で造《つく》られた「和製英語《わせいえいご》」だ。日本語《にほんご》では『軌間可変電車《きかんかへんでんしゃ》』。軌間《きかん》（軌道《きどう》の幅《はば》）に合《あ》わせて車輪《しゃりん》の間隔《かんかく》を変《か》えて走《はし》れる列車《れっしゃ》のことを言《い》うんだよ。

「軌間《きかん》に合《あ》わせて車輪《しゃりん》の間隔《かんかく》を変《か》えて走《はし》れる」って？

ＪＲ《ジェイアール》には新幹線《しんかんせん》が使用《しよう》する１４３５㎜《ミリメートル》と在来線《ざいらいせん》の１０６７㎜《ミリメートル》という２つの軌道《きどう》（線路《せんろ》）幅《はば》が存在《そんざい》しているよね。このフリーゲージトレインは、その両方《りょうほう》を走《はし》れるんだ。軌間変換装置《きかんへんかんそうち》の上《うえ》を通過《つうか》すると、軌道《きどう》の幅《はば》に合《あ》わせて車輪間隔《しゃりんかんかく》も変更《へんこう》されるんだよ。

車輪《しゃりん》の間隔《かんかく》が40㎝《センチメートル》近《ちか》くも変《か》わっちゃうってことですよね！どこへ行《い》けば乗《の》れるんですか？

この列車《れっしゃ》はまだ試験段階《しけんだんかい》なんだ。でも、北陸地域《ほくりくちいき》では実験《じっけん》が始《はじ》まるから、近《ちか》い将来《しょうらい》乗《の》れるようになると思《おも》うよ。

フリーゲージトレイン試運転《しうんてん》の様子《ようす》　Photo ○河野真俊《こうのまさとし》（RGG）

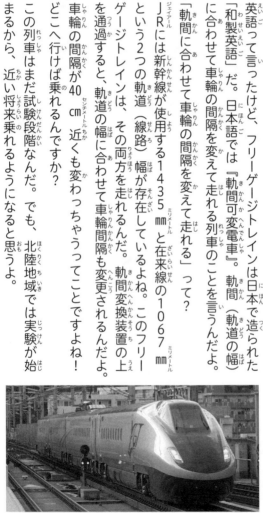

ひゃ～めっちゃ難《むずか》しかったな～!!
上級《じょうきゅう》はここまで！
あとひといき、がんばってこ～！

T《ティー》3《スリー》のヒロイン

電車検定《でんしゃけんてい》

特級《とっきゅう》

特級《とっきゅう》問題《もんだい》チェックシート

特級《とっきゅう》の問題《もんだい》で正解《せいかい》した番号《ばんごう》の駅《えき》をぬりつぶしていこう！

終《お》わったら、ぬりつぶせた駅《えき》の数《かず》をかぞえて、自分《じぶん》のランクをチェック！

最後《さいご》に、博多《はかた》、新大阪《しんおおさか》、上越妙高《じょうえつみょうこう》、東京《とうきょう》の各駅《かくえき》のカギを持《も》っていたら、そこもぬりつぶしておこう。

※このページをコピーして使《つか》うと便利《べんり》だよ

←さあ、問題《もんだい》にチャレンジ

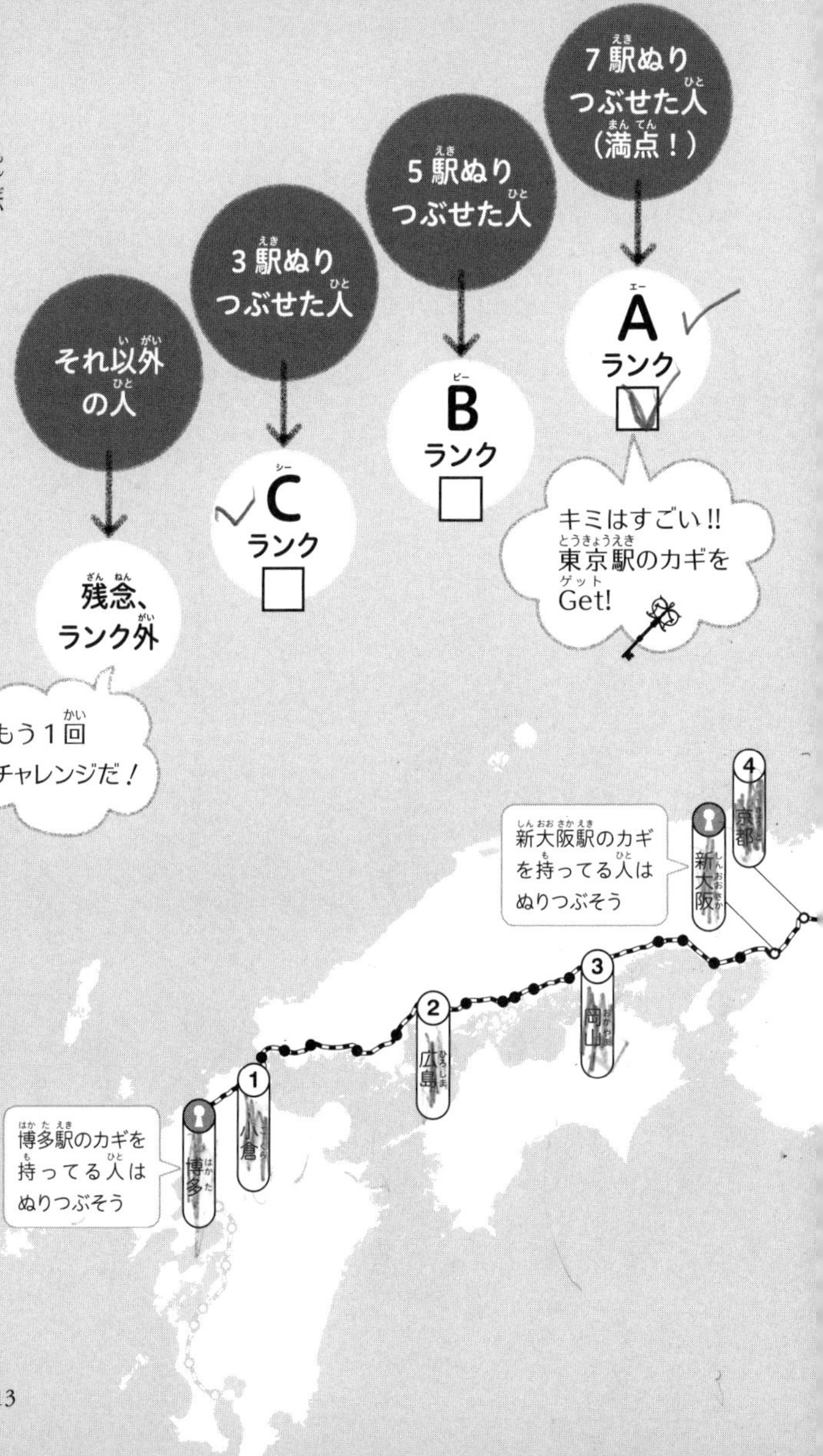

ついにラスト！
超難問《ちょうなんもん》ぞろいです。
がんばりましょう。

特級
とっきゅう

1

日本《にほん》で「電車《でんしゃ》」が最初《さいしょ》に走《はし》った町《まち》はどこでしょう？

① 東京《とうきょう》

② 大阪《おおさか》

③ 名古屋《なごや》

④ 京都《きょうと》

Hint!

明治《めいじ》の始《はじ》めに東京《とうきょう》の新橋《しんばし》～横浜間《よこはまかん》を走《はし》ったのが最《さい》初《しょ》って言《い》ってたやん？

それは最初《さいしょ》の「鉄道《てつどう》」やがな。この問題《もんだい》で聞《き》いとんのは「電車《でんしゃ》」のこと。新橋《しんばし》から横浜《よこはま》まで走《はし》ったのは蒸気機関車《じょうききかんしゃ》やろ？

つまり電気《でんき》で走《はし》った鉄《てつ》道《どう》ってことやな

④ 京都《きょうと》

正解《せいかい》していたら小倉《こくら》をぬりつぶそう

日本《にほん》で最初《さいしょ》に電気《でんき》で走《はし》る鉄道《てつどう》を造《つく》ったんは、**京都電気鉄道《きょうとでんきてつどう》**って会社《かいしゃ》やねん。1895（明治《めいじ》28）年《ねん》に京都《きょうと》の**七条停車場前《しちじょうていしゃじょうまえ》～伏見油掛間《ふしみあぶらかけかん》の6.4㎞《キロメートル》**の路面電車《ろめんでんしゃ》を開通《かいつう》させたんやてぇ。

せやけど、こういうのは東京《とうきょう》とか大都市《だいとし》から造《つく》られていくもんちゃうん？

それにはちょっと当時《とうじ》らしい事情《じじょう》があるんや。明治《めいじ》になってから日本《にほん》の中心《ちゅうしん》は京都《きょうと》から東京《とうきょう》へ移《うつ》ってもうて、ちょっと町《まち》がさびしくなっとった。そこで、「日本初《にほんはつ》の電車《でんしゃ》」を起爆剤《きばくざい》にして京都《きょうと》を元気《げんき》づけたかったらしい。それからちょうど建《けん》設中《せっちゅう》やった琵琶湖疏水《びわこそすい》と呼《よ》ばれる水路《すいろ》とともに、日本初《にほんはつ》となる水力発電所《すいりょくはつでんしょ》を造《つく》っとったんや。せやから、比較的《ひかくてき》電気《でんき》を引《ひ》いてきやすかったってことも理由《りゆう》としてあったらしいわ。

日本初《にほんはつ》の電車《でんしゃ》　Photo ○宮地元《みやちはじめ》（RGG）

特級
とっきゅう
2

1930年《ねん》に走《はし》っていた、特急《とっきゅう》『燕《つばめ》』の食堂車《しょくどうしゃ》のメニューに載《の》っていたのは？

① ビーフカツレツ

② 天《てん》ぷらそば

③ にぎりずし

④ うな重《じゅう》

Hint!

食堂車《しょくどうしゃ》でご飯《はん》にすると、なんでも美味《おい》しそうに見《み》えるわぁ

最近《さいきん》は少《すく》なくなっているのが残念《ざんねん》だけどね

1930（昭和《しょうわ》5）年《ねん》って、遠藤《えんどう》さんは小学生《しょうがくせい》？

私《わたし》はそんなにおじいちゃんじゃないって……

まぁ、めっちゃ昔《むかし》やな！

正解《せいかい》

正解《せいかい》していたら広島《ひろしま》をぬりつぶそう

①ビーフカツレツ

えっ!? そんな時代《じだい》やのに和食《わしょく》ちゃうの? てか、そもそも『ビーフカツレツ』ってなんやのん?

ビーフカツレツは、簡単《かんたん》に言《い》うと牛肉《ぎゅうにく》(英語《えいご》でビーフ)に衣《ころも》をつけて揚《あ》げた料理《りょうり》で、とんかつの牛肉版《ぎゅうにくばん》だね。それから、どうしてそんな昔《むかし》の食堂車《しょくどうしゃ》で洋食《ようしょく》かってことだけど、たくさんの仕《し》込《こ》みが必要《ひつよう》になる和食《わしょく》よりも、比較的《ひかくてき》調理《ちょうり》が簡単《かんたん》な洋食《ようしょく》のほうが、食堂車内《しょくどうしゃない》のせまいキッチンでは作《つく》りやすかったらしいよ。

食堂車《しょくどうしゃ》っていつ頃《ごろ》から走《はし》ってたんかなぁ?

最初《さいしょ》に食堂車《しょくどうしゃ》が走《はし》ったのは今《いま》から100年《ねん》以上前《いじょうまえ》。1899(明治《めいじ》32)年《ねん》の山陽鉄道《さんようてつどう》なんだよ。昔《むかし》は鉄道《てつどう》に乗《の》っている時間《じかん》が長《なが》かったから、1編成《へんせい》に2両《りょう》の食堂車《しょくどうしゃ》が連結《れんけつ》されていることも多《おお》かったんだけど、今《いま》はほとんどなくなったよねぇ。残念《ざんねん》だなあ。

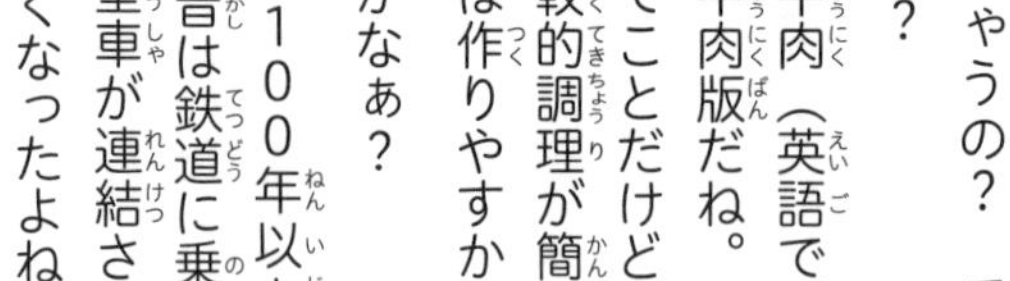

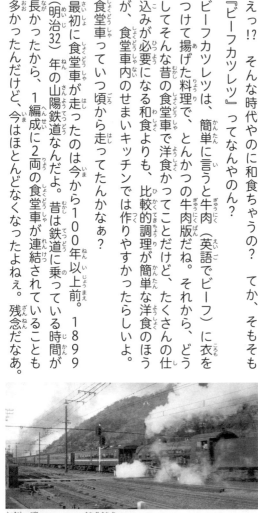

特急《とっきゅう》『燕《つばめ》』 Photo ◯高田隆雄《たかだたかお》(RGG)

特級
とっきゅう
3

日本《にほん》の駅構内《えきこうない》で最初《さいしょ》に物《もの》を売《う》りはじめた人《ひと》は、どこの国《くに》の人《ひと》でしょう？

① イギリス人《じん》

② 日本人《にほんじん》

③ アメリカ人《じん》

④ オランダ人《じん》

Hint!

最初《さいしょ》に売店《ばいてん》が作《つく》られたのは、きっと関西《かんさい》やろなぁ

それが、横浜《よこはま》だと言《い》われているんです

えっ!? そうなん？

最初《さいしょ》の鉄道《てつどう》が走ったのは新橋《しんばし》〜横浜間《よこはまかん》。その時《とき》には、もう駅《えき》で物売《ものう》りが始《はじ》まっていたようですよ

それ、上田《うえだ》のような関西人《かんさいじん》じゃないんか……？

正《せい》解《かい》

正解《せいかい》していたら岡山《おかやま》をぬりつぶそう

① イギリス人《じん》

日本《にほん》へ他《ほか》の仕事《しごと》で来《き》ていた、ジョン・ブラックさんっていうイギリス人《じん》だそうです。鉄道《てつどう》の建設《けんせつ》を見《み》ていたブラックさんが、まだ汽車《きしゃ》の走《はし》っていない駅《えき》や建設現場《けんせつげんば》にたくさんの人《ひと》が見物《けんぶつ》に訪《おとず》れるのを見《み》て、「これならたくさんの人《ひと》に売《う》れる!!」と駅構《えきこう》内《ない》で新聞《しんぶん》を売《う》りはじめたのが最初《さいしょ》なんだそうです。

え――っ!?　なんで日本《にほん》の駅《えき》やのにイギリス人《じん》が最初《さいしょ》やの？

これは想像《そうぞう》ですが、日本人《にほんじん》は見学《けんがく》に精《せい》いっぱいで、駅《えき》でのビジネスにまでは頭《あたま》がまわらなかったのかもしれません。ブラックさんは**鉄道《てつどう》が開通《かいつう》する3か月《げつ》も前《まえ》に、新聞《しんぶん》の売店《ばいてん》を始《はじ》めています**。ちなみに、新橋《しんばし》～横浜間《よこはまかん》の最初《さいしょ》の線路《せんろ》は横浜側《よこはまがわ》から敷《し》かれていきました。これは、当時《とうじ》のレールがすべてイギリスからの輸入品《ゆにゅうひん》で、横浜港《よこはまこう》に船《ふね》で荷揚《にあ》げされたからだそうですよ。

特級《とっきゅう》
4

JR《ジェイアール》中央《ちゅうおう》・総武線《そうぶせん》などで使《つか》われるE《イー》231系《けい》車両《しゃりょう》の値段《ねだん》は、1両《りょう》いくら？

①およそ1000万円《まんえん》

②およそ5000万円《まんえん》

③およそ1億円《おくえん》

④およそ10億円《おくえん》

Hint!

あんなに乗《の》るのに、買《か》うなんてことはないから、想像《そうぞう》もつきませんね

一番安《いちばんやす》い1000万円《まんえん》だとしても、車《くるま》だったら最高級《さいこうきゅう》の外車《がいしゃ》が1台《だい》買《か》えるような金額《きんがく》だからね

ママの宝石《ほうせき》1個分《こぶん》くらいかしら？

マッ、ママの宝石《ほうせき》!?

正解《せいかい》 ③ **およそ1億《おく》円《えん》**

正解《せいかい》していたら京都《きょうと》をぬりつぶそう

へぇ～1億円《おくえん》かぁ。そのくらいなんですね。

さすがお嬢様《じょうさま》……このくらいじゃ驚《おどろ》かないかな？　ちなみに新《しん》幹線《かんせん》の場合《ばあい》は、**800系《けい》新幹線《しんかんせん》だと1両《りょう》約《やく》3億円《おくえん》**で6両編成《りょうへんせい》だから、1編成《へんせい》で約《やく》18億円《おくえん》。最近《さいきん》の代表的《だいひょうてき》な電気機関車《でんききかんしゃ》ＥＨ《イーエイチ》500形《がた》だと、1両《りょう》4～5億円《おくえん》するんだそうだよ。

鉄道車両《てつどうしゃりょう》ってすっごく高価《こうか》なものなんですね。乗《の》る時《とき》にはキズなんかつけないように、大事《だいじ》に乗《の》らないといけないですね。

ねぇ、遠藤《えんどう》さん、新幹線《しんかんせん》だと、造《つく》るのにどれくらいの日数《にっすう》がかかるものなのですか？

う～ん、工場《こうじょう》とか造《つく》る車両《しゃりょう》によって大《おお》きく変《か》わってしまうらしくてね。たとえば、N《エヌ》700系《けい》の中間車《ちゅうかんしゃ》1両《りょう》だったら、3か月《げつ》から4か月《げつ》。先頭車《せんとうしゃ》だったら6か月《げつ》くらいと聞《き》いたよ。

E《イー》231系車両《けいしゃりょう》
Photo ◎ 小林大樹《こばやしだいき》(RGG)

特級《とっきゅう》

5

山手線《やまのてせん》に、踏切《ふみきり》は何《なん》か所《しょ》あるでしょう？

① ない

② 1か所《しょ》

③ 2か所《しょ》

④ 5か所《しょ》

Hint!

山手線《やまのてせん》に踏切《ふみきり》ねぇ。気《き》にしたことなかったなぁ

カンカンって警報音《けいほうおん》は聞《き》いたことがありますか？

警報音《けいほうおん》？　それはあるような、ないような……。でも、あったら大変《たいへん》だよね。あんなに電車《でんしゃ》が走《はし》っているんだから踏切《ふみきり》、なかなか開《あ》かないもん

正解《せいかい》

正解《せいかい》していたら名古屋《なごや》をぬりつぶそう

② 1か所《しょ》

駒込《こまごめ》と田端《たばた》の間《あいだ》にあり、正式名《せいしきめい》は『第《だい》二中里《なかざと》踏切《ふみきり》』といいます。踏切《ふみきり》の幅《はば》はせまく、住宅地《じゅうたくち》への音《おと》の配慮《はいりょ》から警報音《けいほうおん》も小《ち》さくしているため、山手線《やまのてせん》車内《しゃない》からの確認《かくにん》は難《むずか》しいようです。

だから乗《の》ってても気《き》づかないんだね。あれ？「第《だい》二」ってあるのに、山手線《やまのてせん》には１か所《しょ》しかないの？

昔《むかし》は『第《だい》一中里《なかざと》踏切《ふみきり》』もあったのですが、廃止《はいし》されました。

どうしてここだけ踏切《ふみきり》が残《のこ》っているのかな？　きっと、ほとんど開《あ》かない踏切《ふみきり》になっちゃってると思《おも》うけど……。

あまりくわしい事情《じじょう》はわからないのですが、この踏切《ふみきり》をなくすためにトンネルを掘《ほ》ろうとしたこともあるのですが、他《ほか》の線路《せんろ》が邪魔《じゃま》で作《つく》れなかったようです。近隣《きんりん》住民《じゅうみん》のかたには、線路《せんろ》を横断《おうだん》する通路《つうろ》としてとても重要《じゅうよう》なため、残《のこ》されているようです。

Photo ◯ 小笠原未来《おがさわらみらい》（T3）

特級
とっきゅう

6

次《つぎ》の路線《ろせん》のうち、1両編成《りょうへんせい》の電車《でんしゃ》が走《はし》っているのはどこでしょう？

① JR《ジェイアール》九州《きゅうしゅう》　肥薩線《ひさつせん》

② JR《ジェイアール》東海《とうかい》　東海道本線《とうかいどうほんせん》

③ JR《ジェイアール》西日本《にしにほん》　加古川線《かこがわせん》

④ JR《ジェイアール》東日本《ひがしにほん》　八高線《はちこうせん》

Hint!

1両《りょう》の電車《でんしゃ》かぁ。九州《きゅうしゅう》だったら、割合《わりあい》見《み》かけているような気《き》がするけどぉ

ふふん。ほんまか？

えっ!?　私《わたし》、なにか変《へん》なこと言《い》ってる？

変《へん》やないけど、鉄道初心者《てつどうしょしんしゃ》にありがちな勘違《かんちが》いをしとるんちゃうかな～？

ありがちな勘違《かんちが》い？？？

正解《せいかい》 ③ JR《ジェイアール》西日本《にしにほん》 加古川線《かこがわせん》

正解《せいかい》していたら新横浜《しんよこはま》をぬりつぶそう

これって、肥薩線《ひさつせん》やなかと? 小《ちい》さい頃《ころ》におじいちゃん家《ち》へ行《い》った時《とき》には、普通列車《ふつうれっしゃ》が1両《りょう》で走《はし》っていたけど……。

その記憶《きおく》は間違《まちが》ってへん。キハ40系《けい》が1両《りょう》で走《はし》っとったかもしれへんわ。せやけど、肥薩線《ひさつせん》は電化《でんか》されてへんから、ディーゼルカーやったやろ? 今回《こんかい》の問題《もんだい》は「**1両編成《りょうへんせい》の電車《でんしゃ》**」やからな。

そっか! ディーゼルカーは電車《でんしゃ》じゃなくて気動車《きどうしゃ》だね。

せや。JR《ジェイアール》西日本《にしにほん》の加古川線《かこがわせん》の加古川《かこがわ》〜厄神《やくじん》間《かん》の各駅停車《かくえきていしゃ》には、主《おも》に1両編成《りょうへんせい》のJR《ジェイアール》西日本《にしにほん》125系《けい》って電車《でんしゃ》が使《つか》われとんねん。

私《わたし》たちディーゼルカーを見《み》ても、思《おも》わず電車《でんしゃ》って言《い》うもんね。

まあそんな細《こま》かいことはええねん。みんな、鉄道《てつどう》が好《す》きやったらそれでええんや。

Photo ○ 小林大樹《こばやしだいき》 (RGG)

特級《とっきゅう》 7

新幹線《しんかんせん》の先頭部分《せんとうぶぶん》には、なにが入《はい》っているでしょう？

① 非常階段《ひじょうかいだん》

② レーダー

③ モーター

④ 連結器《れんけつき》

Hint!

さあ！　これでラスト問題《もんだい》だよ！

みなさん、成績《せいせき》のほうはいかがでしたか？

きっと、みんなバッチリだよ！　さて、「新幹線《しんかんせん》の先頭《せんとう》にはなにが入《はい》っているか」ってことだけど？

これは、0系《ゼロけい》の頃《ころ》からここにあるんですよ

正《せい》解《かい》

正《せい》解《かい》していたら品川《しながわ》をぬりつぶそう

④ 連《れん》結《けつ》器《き》

0系《ゼロけい》の場合《ばあい》「非常用《ひじょうよう》」の連結器《れんけつき》が入《はい》っています。万《まん》が一《いち》、なにかのトラブルで線路上《せんろじょう》に立《た》ち往生《おうじょう》した場合《ばあい》、他《ほか》の新幹線《しんかんせん》や特殊《とくしゅ》な電気機関車《でんききかんしゃ》で引《ひ》っ張《ぱ》るために備《そな》えられていました。

今《いま》は新幹線同士《しんかんせんどうし》で連結《れんけつ》したり、切《き》り離《はな》したりすることが多《おお》くなってきたから、東京駅《とうきょうえき》へ行《い》けば連結器《れんけつき》を使用《しよう》している新幹線《しんかんせん》をたくさん見《み》ることができるよ。

そうですね。東北《とうほく》に向《む》かうE《イー》5系《けい》『はやぶさ』と、E《イー》6系《けい》『こまち』などのように、ひんぱんに連結《れんけつ》や切《き》り離《はな》しを行《おこな》う新幹線《しんかんせん》では、運転席《うんてんせき》から自動《じどう》でカバーを開《ひら》き、連結作業《れんけつさぎょう》が行《おこな》えるようになっていますよ。

みんな最後《さいご》まで楽《たの》しんでくれてありがとう。あとは自分《じぶん》の「鉄《てつ》力《りょく》」がどれくらいあったのかを採点《さいてん》してみてね。

Photo ©小笠原未来《おがさわらみらい》（T3）

おつかれさまっ!!
これですべての問題《もんだい》が終《お》わったよ。
次《つぎ》のページで、キミの電車度《でんしゃど》を
チェックしてみてね～

電《でん》車《しゃ》検《けん》定《てい》レベル判《はん》定《てい》！

全《ぜん》100問《もん》を終《お》えてみてどうだったかな？ 楽勝《らくしょう》だった人《ひと》も、難《むずか》しかった人《ひと》も、それぞれの級《きゅう》での合格《ごうかく》ランクから、キミの電車検定《でんしゃけんてい》レベルを最終《さいしゅう》チェックしよう！

左《ひだり》の表《ひょう》に、初級《しょきゅう》、中級《ちゅうきゅう》、上級《じょうきゅう》、特級《とっきゅう》の合格《ごうかく》ランクをあてはめていけば、最終的《さいしゅうてき》なレベルが分《わ》かるよ。

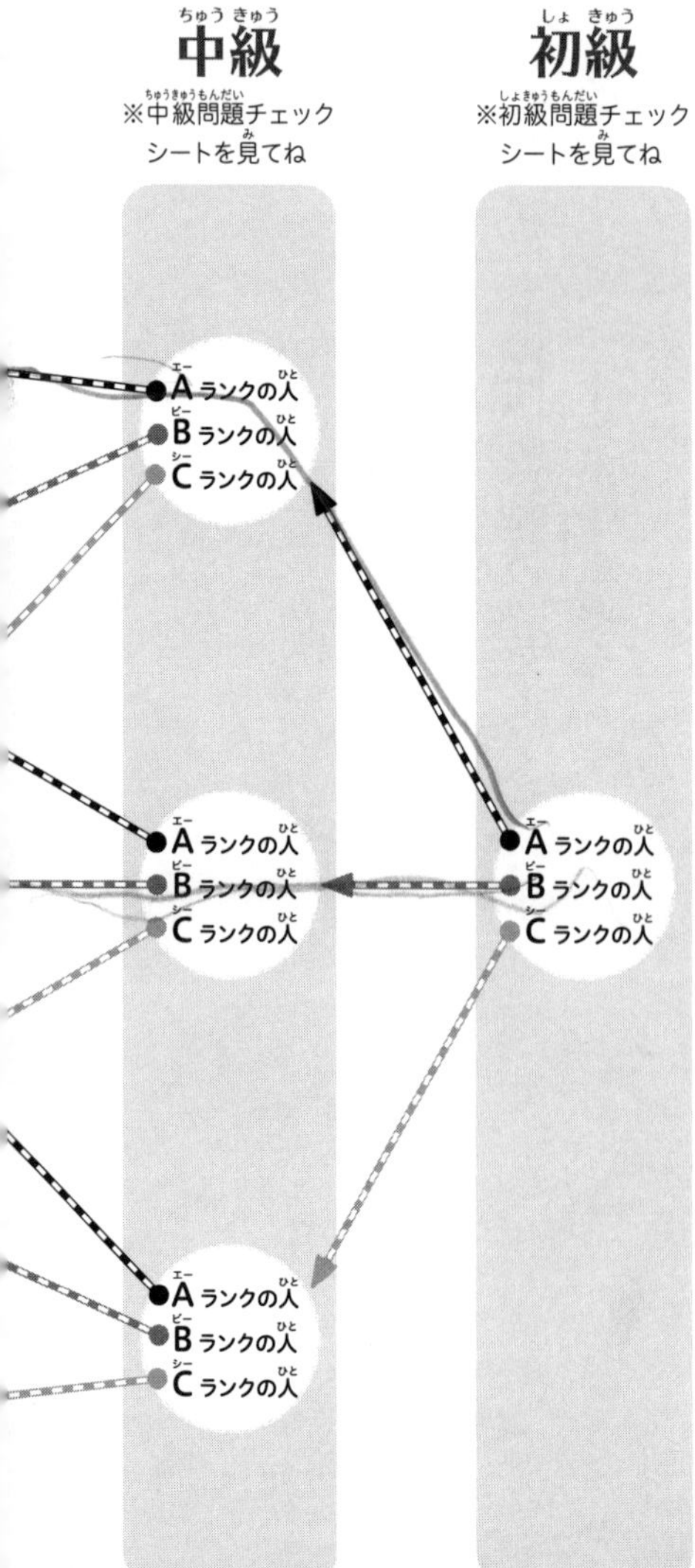

特級《とっきゅう》
※特級問題《とっきゅうもんだい》チェックシートを見《み》てね

上級《じょうきゅう》
※上級問題《じょうきゅうもんだい》チェックシートを見《み》てね

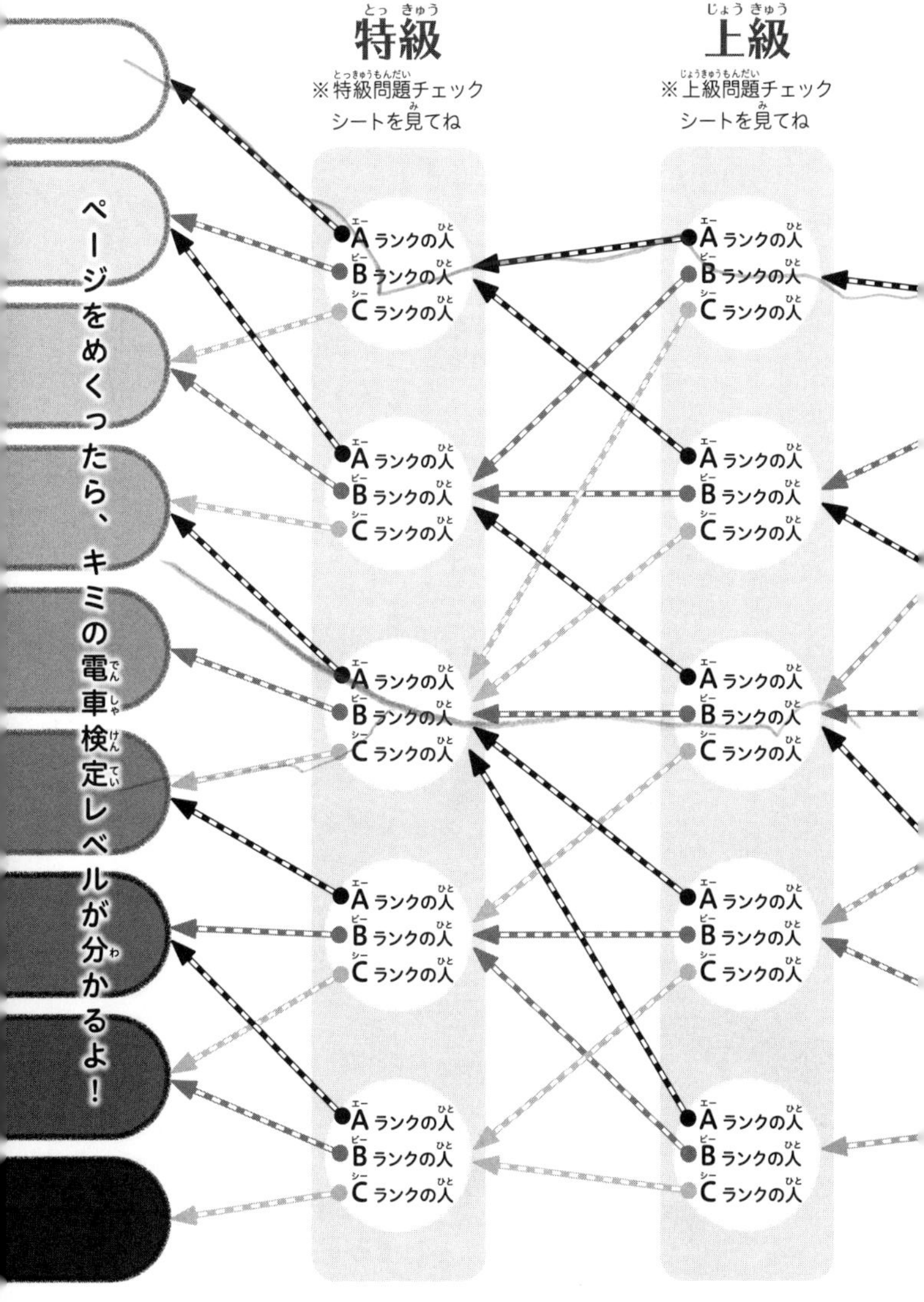

さらに……
東京駅《とうきょうえき》まで
ぬりつぶせたキミは
電車王《でんしゃおう》だ!!

1級《きゅう》
今日《きょう》からキミは
鉄道《てつどう》マスターだ!!

2級《きゅう》
すごい!
半端《はんぱ》ない電車《でんしゃ》知識《ちしき》!!

3級《きゅう》
1級《きゅう》はすぐ目《め》の前《まえ》!
がんばって。

4級《きゅう》
鉄道《てつどう》の歴史《れきし》も
おもしろいよ!

5級《きゅう》
車両《しゃりょう》や路線《ろせん》について
調《しら》べてみよう

6級《きゅう》
電車《でんしゃ》の本《ほん》や時刻表《じこくひょう》
をみてみよう!

7級《きゅう》
近所《きんじょ》の電車《でんしゃ》に
どんどん乗《の》ろう!

8級《きゅう》
好《す》きな電車《でんしゃ》が増《ふ》える
と楽《たの》しくなるよ!

9級《きゅう》
友《とも》だちと電車《でんしゃ》の話《はなし》
をしてみよう!

キミの電車検定《でんしゃけんてい》レベルは
いくつだったかな?
がんばってみんなで
鉄道《てつどう》マスターになろうね!

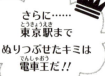

ミニ
エピソード

横浜線《よこはません》を追《お》いかけろ!?

「なにやってんだよ～!!」

僕《ぼく》は日曜日《にちようび》の横浜駅《よこはまえき》4番線《ばんせん》で、未来《みらい》に向《む》かって怒《おこ》った。

「ゴメン、ゴメン！　家《いえ》を出《で》る直前《ちょくぜん》に望遠《ぼうえん》レンズを忘《わす》れたことに気《き》がついちゃって～」

階段《かいだん》を勢《いきお》いよく上《のぼ》ってきた未来《みらい》は、「はぁはぁ」と肩《かた》で息《いき》をしながら言《い》った。

だけど、もう手《て》遅《おく》れ……。

4番線《ばんせん》からは、僕《ぼく》らが乗《の》る予定《よてい》だった7時《じ》40分《ぷん》横浜発《よこはまはつ》、京浜東北線《けいひんとうほくせん》、大宮行《おおみやいき》の電車《でんしゃ》が発車《はっしゃ》していた。シルバーの車体《しゃたい》に水色《みずいろ》のラインの入《はい》った車両《しゃりょう》が東神奈川《ひがしかながわ》方面《ほうめん》へ消《き》えていく。

「これじゃ、萌《もえ》のピアノコンクールに遅刻《ちこく》しちゃうよ……」

僕《ぼく》は小《ちい》さくため息《いき》をついた。今日《きょう》は萌《もえ》のピアノコンクールの日《ひ》だったのだ。

関西地区大会《かんさいちくたいかい》で優勝《ゆうしょう》し、全国大会《ぜんこくたいかい》に出場《しゅつじょう》することになった萌《もえ》をT3《ティースリー》のみんなで応援《おうえん》しにいくことにしたんだけど、いつも遅刻《ちこく》する未来《みらい》が心配《しんぱい》だった僕《ぼく》は、ちゃんと間《ま》に合《あ》うように7時《じ》に横浜《よこはま》まで迎《むか》えにきていたんだ。

大会《たいかい》の行《おこな》われるコンサートホールへは、八王子《はちおうじ》から専用《せんよう》バスで行《い》くんだけど、その最終発車《さいしゅうはっしゃ》が午前《ごぜん》9時《じ》ちょうど。

「それなのに……。まさか40分《ぷん》も遅《おく》れてくるなんて……」

僕《ぼく》は予想外《よそうがい》のことに、ガックリと肩《かた》を落《お》とした。

「だって……、萌《もえ》ちゃんのかわいい演奏姿《えんそうすがた》を、バッチリ撮《と》ってあげたかったんだもん～」

キョロキョロと周囲《しゅうい》を見《み》まわした未来《みらい》は、あせって僕《ぼく》に聞《き》く。

「どっ、どうしよう⁉ 雄太《ゆうた》。次《つぎ》の電車《でんしゃ》は何分《なんぷん》？」

「さっきの電車《でんしゃ》に乗《の》って、東神奈川《ひがしかながわ》で横浜線《よこはません》に乗《の》り換《か》えれば、8時《じ》50分《ぷん》に八王子《はちおうじ》に着《つ》けたんだけど……」

「なにか、追《お》いつく方法《ほうほう》とかないの⁉」

僕《ぼく》は腕《うで》を組《く》んで未来《みらい》を見《み》た。

「無理《むり》だよ。横浜線《よこはません》には新幹線《しんかんせん》も並走《へいそう》してないし、東急東横線《とうきゅうとうよこせん》を使《つか》って菊名《きくな》で追《お》いつく方法《ほうほう》もあるけど、その電車《でんしゃ》は7時《じ》42分《ふん》に発車《はっしゃ》するから、今《いま》からじゃあ間《ま》に合《あ》わない。それに横浜線《よこはません》には、いつもは各駅停車《かくえきていしゃ》と快速《かいそく》しか走《はし》っていないからねぇ」

「じゃあ追《お》い越《こ》す電車《でんしゃ》はないの？ どうしよう～八王子《はちおうじ》からのバスに間《ま》に合《あ》わなくなっちゃうん

だよね。ゴメン～雄太《ゆうた》、もう二度《にど》と遅刻《ちこく》しないようにするから許《ゆる》して！」

少《すこ》し涙目《なみだめ》になった未来《みらい》を見《み》ていた僕《ぼく》は、ふぅと小《ちい》さくため息《いき》をついて微笑《ほほえ》んだ。

「未来《みらい》、今日《きょう》が日曜日《にちようび》で助《たす》かったね」

その時《とき》、4番線《ばんせん》の列車案内板《れっしゃあんないばん》の表示《ひょうじ》が変《か》わったので、僕《ぼく》はそれを指《さ》した。

「特急《とっきゅう》『はまかいじ』松本行《まつもといき》って？」

「横浜線《よこはません》には、土曜日《どようび》と日曜日《にちようび》を中心《ちゅうしん》に、横浜《よこはま》と松本《まつもと》の間《あいだ》を走《はし》る臨時特急列車《りんじとっきゅうれっしゃ》『はまかいじ』が一往復《いちおうふく》だけ走《はし》っているんだ」

「そっ、それって……」

「そう。これに乗《の》れば、乗《の》る予定《よてい》だった電車《でんしゃ》を追《お》いぬいて、八王子《はちおうじ》に8時《じ》41分《ぷん》に到着《とうちゃく》できるよ」

未来《みらい》の顔《かお》がパァァと明《あか》るくなると同時《どうじ》に、戸塚方面《とつかほうめん》から白《しろ》い車体《しゃたい》の185系《けい》がやってくる。先頭《せんとう》には『はまかいじ』と水色《みずいろ》のヘッドマークが描《えが》かれていた。

未来《みらい》は、バッグから素早《すばや》く大《おお》きなカメラを取《と》り出《だ》して構《かま》えた。

「じゃあ、あれはレア特急《とっきゅう》ってことね!!」

……もう、本当《ほんとう》に遅刻《ちこく》のことを反省《はんせい》しているの？

カシャカシャとシャッターを切《き》る未来《みらい》を見《み》ながら、僕《ぼく》はまた小《ちい》さなため息《いき》をついた。

あとがき

作者《さくしゃ》の豊田巧《とよだたくみ》です。さて、シリーズ初《はじ》めての『電車検定《でんしゃけんてい》』でしたが、みんなちゃんと答《こた》えられたかな？　この本《ほん》は一回読《いっかいよ》んだらおしまいってことじゃなくて、読《よ》んでわからなかったところは本《ほん》やネットで勉強《べんきょう》して、みんなが「100点《てん》」をとれるまで読《よ》み返《かえ》してね。

学校《がっこう》の勉強《べんきょう》だと「ちょっと苦手《にがて》だなぁ」と思《おも》っているお友《とも》だちも多《おお》いかもしれないけど、電車《でんしゃ》の勉強《べんきょう》だったら楽《たの》しいよね。僕《ぼく》はみんなが鉄道《てつどう》を通《つう》じて色々《いろいろ》なことに興味《きょうみ》を持《も》ったり、覚《おぼ》えるようになると、楽《たの》しく勉強《べんきょう》ができていいんじゃないかなぁって思《おも》っています（僕《ぼく》は、これを『鉄育《てついく》』って呼《よ》んでいます）。路線図《ろせんず》を覚《おぼ》えれば社会《しゃかい》の地図《ちず》の勉強《べんきょう》になるし、運賃《うんちん》を計算《けいさん》するのは算数《さんすう》、どうやって電車《でんしゃ》が動《うご》くのかを知《し》ると、理科《りか》の電気《でんき》を覚《おぼ》えることにもなるんだ。

ちなみに集英社《しゅうえいしゃ》みらい文庫《ぶんこ》のホームページ(http://miraibunko.jp)では、毎週《まいしゅう》「トレインクイズ」をやっているから、みんなも遊《あそ》びにきてね。

それでは、次回《じかい》の『電車《でんしゃ》で行《い》こう！』をお楽《たの》しみに！

集英社みらい文庫

電車検定《でんしゃけんてい》

電車《でんしゃ》で行《い》こう！ スペシャル版《ばん》!!

豊田《とよだ》 巧《たくみ》 作

裕龍《ゆうりゅう》ながれ 絵

ファンレターのあて先

〒101-8050 東京都千代田区一ツ橋2-5-10 集英社みらい文庫編集部

いただいたお便りは編集部から先生におわたしいたします。

2015年 8月10日 第1刷発行

発行者	鈴木晴彦
発行所	株式会社 集英社 〒101-8050 東京都千代田区一ツ橋2-5-10 電話 編集部 03-3230-6246 読者係 03-3230-6080 販売部 03-3230-6393（書店専用） http://miraibunko.jp
装丁	松尾美恵子（株式会社鷗来堂） 中島由佳理
編集協力	株式会社鷗来堂
印刷	凸版印刷株式会社
製本	凸版印刷株式会社

ISBN978-4-08-321278-9 C8265 N.D.C.913 236P 18cm

※作品中の鉄道に関する情報は2015年6月のものを参考にしています。

からのお知らせ

シリーズ続々刊行《ぞくぞくかんこう》!!

第《だい》1作《さく》

新幹線《しんかんせん》を追《お》いかけろ

おばあちゃんの乗《の》っている新幹線《しんかんせん》を推理《すいり》!

第《だい》2作《さく》

60円《えん》で関東一周《かんとういっしゅう》

一枚《いちまい》の鉄道写真《てつどうしゃしん》から、場所《ばしょ》を探《さが》し出《だ》せ!

第《だい》3作《さく》

逆転《ぎゃくてん》の箱根《はこね》トレイン・ルート

バスを追《お》い越《こ》す箱根《はこね》の鉄道《てつどう》ルートとは?

第《だい》4作《さく》

大阪《おおさか》・京都《きょうと》・奈良《なら》ダンガンツアー

地下鉄《ちかてつ》・登山電車《とざんでんしゃ》・路面電車《ろめんでんしゃ》になる路線《ろせん》!?

第《だい》5作《さく》

北斗星《ほくとせい》に願《ねが》いを

乗《の》り遅《おく》れた北斗星《ほくとせい》に追《お》いつけるか……!?

第《だい》6作《さく》

超難解《ちょうなんかい》!? 名古屋《なごや》トレインラリー

ゴールできたら一億円《いちおくえん》が待《ま》ってる!?

第《だい》7作《さく》

青春《せいしゅん》18きっぷ・1000キロの旅《たび》

東京《とうきょう》から山口《やまぐち》まで、片道《かたみち》2300円《えん》で行《い》く!

第《だい》8作《さく》

走《はし》る!湾岸捜査大作戦《わんがんそうさだいさくせん》

次々発生《つぎつぎはっせい》する事件《じけん》を解決《かいけつ》できるか!?

第《だい》9作《さく》

夢《ゆめ》の「スーパーこまち」と雪《ゆき》の寝台特急《しんだいとっきゅう》

三連休乗車券《さんれんきゅうじょうしゃけん》で、秋田《あきた》・青森《あおもり》へ!!

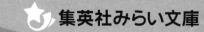

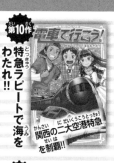

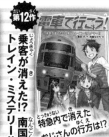

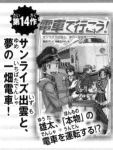

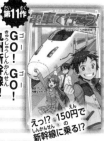

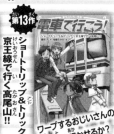

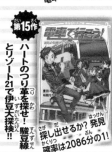

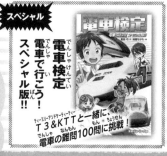

「みらい文庫《ぶんこ》」読者《どくしゃ》のみなさんへ

言葉《ことば》を学《まな》ぶ、感性《かんせい》を磨《みが》く、創造力《そうぞうりょく》を育《はぐく》む……、読書《どくしょ》は「人間力《にんげんりょく》」を高《たか》めるために欠《か》かせません。たった一枚《いちまい》のページをめくる向《む》こう側《がわ》に、未知《みち》の世界《せかい》、ドキドキのみらいが無限《むげん》に広《ひろ》がっている。これこそが「本《ほん》」だけが持《も》っているパワーです。

学校《がっこう》の朝《あさ》の読書《どくしょ》に、休《やす》み時間《じかん》に、放課後《ほうかご》に……。いつでも、どこでも、すぐに続《つづ》きを読《よ》みたくなるような、魅力《みりょく》に溢《あふ》れる本《ほん》をたくさん揃《そろ》えていきたい。読書《どくしょ》がくれる、心《こころ》がきらきらしたり胸《むね》がきゅんとする瞬間《しゅんかん》を体験《たいけん》してほしい、楽《たの》しんでほしい。みらいの日本《にほん》、そして世界《せかい》を担《にな》うみなさんが、やがて大人《おとな》になった時《とき》、「読書《どくしょ》の魅力《みりょく》を初《はじ》めて知《し》った本《ほん》」「自分《じぶん》のおこづかいで初《はじ》めて買《か》った一冊《いっさつ》」と思《おも》い出《だ》してくれるような作品《さくひん》を一所懸命《いっしょけんめい》、大切《たいせつ》に創《つく》っていきたい。

そんないっぱいの想《おも》いを込《こ》めながら、作家《さっか》の先生方《せんせいがた》と一緒《いっしょ》に、私《わたし》たちは素敵《すてき》な本作《ほんづく》りを続《つづ》けていきます。「みらい文庫《ぶんこ》」は、無限《むげん》の宇宙《うちゅう》に浮《う》かぶ星《ほし》のように、夢《ゆめ》をたたえ輝《かがや》きながら、次々《つぎつぎ》と新《あたら》しく生《う》まれ続《つづ》けます。

本《ほん》を持《も》つ、その手《て》の中《なか》に、ドキドキするみらい――。

本《ほん》の宇宙《うちゅう》から、自分《じぶん》だけの健《すこ》やかな空想力《くうそうりょく》を育《そだ》て、〝みらいの星《ほし》〟をたくさん見《み》つけてください。

そして、大切《たいせつ》なこと、大切《たいせつ》な人《ひと》をきちんと守《まも》る、強《つよ》くて、やさしい大人《おとな》になってくれることを心《こころ》から願《ねが》っています。

2011年　春

集英社みらい文庫編集部